河出文庫

クライバー、
チェリビダッケ、
バーンスタイン

吉田秀和

河出書房新社

クライバー、チェリビダッケ、バーンスタイン

◉

目次

カルロス・クライバー 9

エーリヒ・クライバー指揮　R・シュトラウス『ばらの騎士』 10
カルロス・クライバーの振ったオペラ 22
クライバー　モーツァルト『交響曲第三六番リンツ』、ブラームス『交響曲第二番』 38
クライバー　ベートーヴェン『交響曲第四番』 47
クライバー　ヨハン・シュトラウス『こうもり』 57
クライバー指揮　ミラノ・スカラ座来日公演の『オテロ』 67
クライバー指揮　バイエルン国立管弦楽団演奏会 71
C・クライバー、フリッチャイ、ショルティ、ノイマン、他『名指揮者たちのリハーサル』 74

セルジュ・チェリビダッケ 85

チェリビダッケ　矛盾が矛盾なく共存する 86
チェリビダッケ　フランス管弦楽作品集 97

チェリビダッケ、それからゲルバー　107
主観と演奏　バーンスタイン、チェリビダッケ　126

レナード・バーンスタイン　133

バーンスタイン　134
バーンスタイン再説　147
バーンスタイン　モーツァルト『交響曲第三九番』『第四〇番』　159
バーンスタイン　ヴァーグナー『トリスタンとイゾルデ』　170
バーンスタイン　ブラームス　交響曲第一〜四番、『ハイドンの主題による変奏曲』、他　182
バーンスタイン指揮　イスラエル・フィルハーモニー公演　193
バーンスタインの死　196

解説　批評、文章、比喩　渡辺和彦　204

クライバー、チェリビダッケ、バーンスタイン

カルロス・クライバー

Carlos Kleiber

1930-2004

ドイツ出身、オーストリア

エーリヒ・クライバー指揮　R・シュトラウス『ばらの騎士』

ヴィーン国立歌劇場
CD〔ロンドン　POCL2043〜5〕

私はオペラのレコードは通り一遍のものしか持ってない。それにレコードでオペラをきく習慣もあんまりない。それでも何かの折にきくとなると――いつかも書いたけれど――モーツァルトのオペラ、それからシュトラウス、よっぽどどうかした時にヴァーグナーと、たいていはこの三人の音楽をきくことになる。それを全曲、始めから終りまできき通すなんてことは、ほとんどない。

そんな私でも、『ばらの騎士』となると、比較的数も多いし、その中には古いもので大切に使ってるものさえある（といっても、オペラ通の人のコレクションには及ぶべくもないのはいうまでもないだろうが）。しかも、二組ある（自慢じゃなくて、ほかにそういう例がないので、自分でもちょっとあきれているのです）。

ひとつは、ミュンヒェンのバイエルン国立オペラのオーケストラをつかってクレメンス・クラウスが指揮したもの。これは一九四四年の発売でＶＯＸから出た。歌手の名前まで一々書かないけれど、名歌手揃いとまではいえないのかもしれないし、何分古いものだから、音もやや古色蒼然とした趣きがないではない。ただ、クレメンス・クラウスの指揮ぶりが、呑気といったら言いすぎだろうが、いわゆるヴィーン風の屈託のないのびやかなところがあり、少々音が合わなかったり、細部の正確さで歯がゆい点が耳につくにしても、何か鷹揚で品があるのである。それに――『ばらの騎士』というと、みんなはこの中の三人のソプラノの声と姿と出来の良さとをまず評価の目安にする傾きがあるけれど、本当はこのオペラ、オックス男爵を抜いては論じられないはずなのである。いや、論ずるなんてものではなく、このオペラの楽しみの焦点の一つがオックス男爵の存在なのである。簡単にいって、オックスにその人を得てなくては『ばらの騎士』はさまにならないのである。このクラウス盤では、そのオックスにルートヴィヒ・ヴェーバーが使われている。それが実にいいのである。好色漢のうぬ惚れやで、貧乏でケチな田舎貴族でありながら、決して野卑ではない、どことなく品のある、身体ばかりでなく、心の持ちようにおいて、器（うつわ）の大きさを感じさすところのある人物なのだ。その上、歌う時もしゃべる時も、妙な訛りのある言葉を使う。おれは天子様直属の貴族、自分のものはみんな上質で悪いところはないと信じきっているから、何をしようと、何をしゃべろうと、決して反省したり直したりしようとはしない。要するに、何事においてもあけっぴろげで無遠慮だ。

こういう男に対し、女たちは心底憎み、それでも、どこかで、奇妙な魅力のあるのを感じる。

私はいつこのレコードを手に入れたのか、よく覚えてないが、はじめてきいた時から、以上の二点に気がつき、以来、愛してきた。

さて、もう一組は、エーリヒ・クライバーの指揮したデッカ盤。これはオーケストラや合唱から歌手のかなめに至るまで、純乎としたヴィーン一座で固めたものである。

正直いうと、私は、このレコードのことはヴィーンの人に教わったのである。一九五四年はじめてヴィーンにいった時、シュトラウスのオペラをつぎつぎときく機会があった。そのころ私は、ヴィーンの音楽批評家でラズモフスキーという男――そう正にあのベートーヴェンの弦楽四重奏で有名なラズモフスキーの流れを汲んだ貴族の一人だった――と知りあいになり、正確にいうと、ローマではじめて会い、そのあと、ヴィーンで再会し、毎日のように顔を合わせていたのだが、ある日、「『ばらの騎士』の本当にヴィーンらしい演奏、あなた方のこれこそ正真正銘ヴィーンの『ばらの騎士』と自慢できる公演を経験したいものだ」といったら「本当の舞台じゃない、スタジオ録音だけれど、これがまず本当のヴィーン版『ばらの騎士』といっても通用するレコードが出たという評判だよ」といって教えてくれたのが、この盤だった。「じゃ、お前もきいたのか」とききただしたら「いや、おれはレコードじゃきかない。しかし、信頼できる男たちがほぼ一致してそういってるようだから、教えて上げるんだ。まあ、きいてみることだな」といわれた。

そのころは、私はLPプレイヤーも持っていないくらいで、すぐ買う気もなかった。しかし、彼の言葉は覚えていた。

買ったのは、いつだったか。もしかしたら、熱心な人がどこからか探してきてくれたのかもしれない。

とにかく、そのレコードがこんどロンドンからCDになって出た。そのことを『レコード芸術』の新譜目録で知った私はさっそく註文した。もちろんモノのCD化だが、思ったよりずっと良い音である。

これは近年での、いちばんうれしい出来事といってもいいくらい。

例のルートヴィヒ・ヴェーバーはここでもオックスを歌っているが、クラウス盤よりもまた一段と冴えた出来栄えである。それに女声もマリア・ライニング（マルシャリン）、ヒルデ・ギューデン（ゾフィー）、セナ・ユリナッチ（オクタヴィアン）と三人が三人、完全なヴィーンの歌い手が揃っている。おまけに、第一幕の歌い手としてアントン・デルモータが出ているが、言うまでもなく、デルモータこそ、今世紀中葉のヴィーンもののテナーの伝統の権化みたいな人である。

しかし、私のような日本人がヴィーン、ヴィーン、これこそ生っ粋、純無垢のヴィーン・スタイルなんて書くのは、本当は、おかしいのである。さっきいったラズモフスキーをはじめ、これまでつきあってきたいろんなタイプのヴィーン人たち――なかでもかつてのヴィーン国立歌劇場の主、エゴン・ゼーフェルナーとの相当長い間のつきあいがとても役に立った――との重ねた経験、観察を通して、私は私なりに会得したものもあるけれど、それでも、やっぱり、私の「ヴィーン」は「あとから覚えたもの」である。私としては、親愛なる読者の皆さんにも、このCDを通じて、ヴィーン風の『ばらの騎士』がどんなものか知ってもらいたいと思うのだが、その保証――というのもおかしいが――として、ここで、さっきのラズモフスキーがいった「専門家」の一人、ロベルト・ヴェルバの評を引用しておこうと思う。

「私の知っている『ばらの騎士』の中で、どれよりもいちばん満足できるものはエーリヒ・クライバーの盤である。ここには、まず、トスカニーニ張りのブリオとヴィーン伝来の細部にとらわれない流儀とが、ほかの誰にも真似のできないような仕方で、ひとつにとけあっている。音符の一つ一つがのびのびと呼吸しているのが目に見えるようであって、しかも、そのために、音楽的な点からみても、演奏の技術的な点からみても、正確さ、精密さが犠牲になっていないのである。その上に、ここに集められた歌手たちのアンサンブルは、長年の訓練の上にはじめて生れ達成されたものであって、ほかにこれと肩を並べるものがないだけでなく、もう二度と見られない態（てい）の完成度をもっているのである。正直いって、これほどのアンサンブルはかつてのような、国家としての確乎たる文化政策があって、はじめて可能になるものなのだから。

このヴィーン・デッカ盤の高度な音楽的水準はその後、カラヤンのおかげで、辛うじて救われかけはしたのだが、その時はもう、このクライバー盤当時の歌手の一人一人の個性の豊かさ、それから特にあのヴィーン的な味わいの深さには及ぶべくもなくなってしまっていた」（この文章は *Österreichische Musik Zeitschrift* 7–8/1983. の四五五―六六頁からの『ばらの騎士』のレコード一〇種についての論評の一部である。例によって、私は、正確な訳でなく、文意を汲みとって、多少自由な日本訳におきかえた）。

だから、ほかの点は別として、的をヴィーン・スタイルの『ばらの騎士』という点に絞れば、これが最上のレコード（ＣＤ）だということになる。

ヴェルバの要求する〈ヴィーン風〉の基準はかなりきびしく、この一〇種の中の多くが「落第」している。リタ・シュトライヒのような名ソプラノでさえ（彼女は一九五八年のベームが指揮した盤のゾフィーを歌っているのだが）、オクタヴィアンのイルムガルト・ゼーフリートは「ヴィーン的」だけれど、シュトライヒはとてもとても、という具合である。また、私たちにとってマルシャリンの典型そのもののように思われているシュヴァルツコプフでさえ、「感情表現の深さと広さという点では、もっと磨きをかけて精妙なものにしなければならない」（これは一九五六年のカラヤン、フィルハーモニアとやった時のもの）と批判されているくらいだ。

それだけに、このクライバー盤によせた彼の、賞辞は、並々でないわけだ。「トスカニーニの劇的な迫力（ブリオ）とヴィーン風ののびやかでこせつかないやり方（Wienerischer Lässigkeit）との全く独特な混ざり合い」などという評語は、正に、クライバーを論じて、最高に的を射たものだ。第二幕の始まりから、オクタヴィアンと男爵の決闘をはさんだドタバタの場での変化と緊張とおどけの続出する時の緩急の呼吸のおもしろさ。それから、オクタヴィアンとゾフィーの恍惚の二重唱。ゆるやかに始まって、やがて息のつまるようなクライマックスによじのぼってゆく間の歌の流れの甘美と流麗。終幕の三重唱の甘さと不安の交錯。その中で、ヴェルバのいう通り、音符の一つ一つが、正確さを失わないでいて、のびやかに自由に呼吸する趣き。

なるほど、これこそ、ヴィーンの国立オペラのスタッフが達成した最高の『ばらの騎士』であり、あすこでさえ、二度と来なかった至福の記録といっていいのだろう。

ゾフィーのギューデンはオクタヴィアンのユリナッチにくらべて、とかく押されがちの本当に細い声である。だが、それがゾフィーなのだ。そうして、その反面、いかに彼女が、世間知らずなだけそれだけむやみと強気なところをみせたがる少女から、一人前の女に変身してゆくかは、第三幕でのマルシャリンを加えた三人のやりとりの歌の中から、目に見えない香りのようなものとなって、私たちきき手に伝わってくる。

私のいちばん記憶に残っているギューデンは、一九六六年だったか、ベルリン・ドイツ・オペラの一座に同行して日本にやってきて『椿姫』のタイトル・ロールを歌った時の彼女である。その時の彼女の第一幕での歌は、何というか、しっかりしたところと、細すぎてたよりないところとが混ざったものだった。でも、そのあと、特に終幕での彼女は、本当に信じられないほどの可憐さをみせていた(「信じられない」というのは、その前、偶然、同僚の歌手たちの中での彼女のふるまいや口のきき方にものすごい誇りの高さ、短かった全盛時代の光栄の輝きをいつまでも手放すまいと必死になって肩をはって生きゆく姿勢を感じ、同情と感嘆の入り混じった感じをもったからである)。

それにひきかえ、ユリナッチの歌には美声というだけでなく、とても人間的な暖かみが脈打っていて、肉づきの豊かなヴィーンの女性のタイプを、いやでも、身近に感じてしまう。これはレコードできいていた時からそうだったが、CDできくと、どうしてか、よけいそう思う。しかし、このユリナッチが、何年か前に出た、ショルティ指揮の『ヘンゼルとグレーテル』のLDでは、子供たちを食べようとする恐ろしい鬼婆になっているのをみて、胸がふさがる思いをしたのを思い出す。

時の流れの恐ろしさ！　それはマルシャリンの歌を通してだけ、私たちが思い知らされるわけではないのだ。

マルシャリンを歌ってるライニングはユリナッチとかギューデンとかと違って、どういうものか、私はほかの役での記憶があんまりない。しかし、ここでのライニングは実にいい。その上、ヴェルバのいう通り、この三人の女性の声と歌い方のバランスとスタイルの調和のとれていること。これは、マルシャリンの独唱を除いては、二重唱や三重唱こそこの作品の大事な核心だといってもいいのだから、大事な点である。

ルートヴィヒ・ヴェーバーは、私には懐かしい歌い手である。はじめていったヨーロッパで、私は、いろんな役で、彼の名演を楽しんだ。さっき書いたようにオックス男爵には、単なる歌の力という以上に、いや、それ以前に、生れと教養と性格から、すでに、これに適した人と、どうしても場違いの人とがあるわけだ。私も、このあと何人ものオックスをみたりきいたりしてきたが、ヴェーバーのあとでは、いつかヴィーン・オペラといっしょに来たヴァルター・ベリーのオックスが「ヴィーンの肌ざわり」を伝えていたように思う。その時も考えたのだが、私がはじめてきいた時、ベリーは『ドン・ジョヴァンニ』のマゼットだった。それがきくたびにどんどん大きな役に変ってゆき、いちどはドン・ジョヴァンニさえ歌っていたが、そのあとオックスできいた時、この方がよりぴったりだと感じたものだ。

クライバーについては、私は実演をきいた経験がないので、さっき、ヴェルバの尻馬にのって書いたほかにには、あんまり書くことはない。彼には、また、シュトラウスのワルツを入れたレコードがあって、私はそれも気に入っている。だが、私にもっと近いのは、いうまでもなく、息子の方、カルロス・クライバーである。この人のベートーヴェンの第四、第七とか、ヴィーン・ワルツ、『こうもり』などは、私には最上のご馳走であって、私は何かのことで元気をなくしたおりには、よくクライバーをきく。だが、いつかミュンヒェンのオペラといっしょに来て、上野の文化会館で『ばらの騎士』を振るのをきいた時は、その前に大変な評判だときかされていたせいか、少しピンと来なかった。あの時のマルシャリンはギネス・ジョーンズではなかったかしら。

カルロス・クライバーの振ったオペラ

私に与えられた課題は、「イタリア・オペラの指揮者としてのアッバードとクライバー」というのだが、これはどういうことだろう？　イタリア・オペラの切符を買いにゆく時——私のいうのはヴェルディ、プッチーニらの十九世紀から二十世紀はじめにかけて、イタリアで作られたオペラのことだが——、ひとは、何を目安にするだろうか？　もちろん、出し物（演目）も大切だろう、それから指揮者が誰かということも気にならなくはないだろう。しかし、まっさきに考えるのは、歌手のことだろう。それも、たいていの曲の場合、とどのつまりは、ソプラノとテナー、つまりプリマ・ドンナとプリモ・ウォーモ。これがおもしろそうな人、あるいはぜひききたいと思う人でなければつまらない、ということになる。《椿姫》だったら、ヴィオレッタとアルフレード、この二人を誰が歌うかが、最も肝心の問題なのであって、あと、フローラだとかガストーネはもちろん、アルフレードのおやじのジョルジョ・ジェルモンでさえ、かりに少し不満な配役でも、ヴィオレッタとアルフレードに、これぞと思う人がわりあてであったら、切符を買うというのが、大方のファンの気持ではあるまいか。いや、時にはこの二人の中の一方に、たとえばマリア・カラスだとか、あるいはドミンゴだとかが出るといえば、それだけでも、いいと考える人だって、決して少なくないだろう。

指揮者が誰で、管弦楽はどこの歌劇場のものかというのは、ずっと、さきの話、つまり、優先の順序からいって、下の話であろうし、まして、その時の演出が誰、照明と装置がどうといったことは――かりに、きいたあとで文句をいうはめになることが、万が一、あったにせよ、それはよほどひどかった時の話で――、現実には、まずあり得ないのではないか。それというのも、イタリア・オペラをきいてかえって来る時は、今夜のテナーはあのアリアをどう歌ったか、ソプラノがどんなに素敵だったか、その印象、その感激で胸をいっぱいにふくらませているからである。

これは、その逆を想像してみれば、もっとはっきりするかもしれない。舞台はきれいだった。指揮もオケも悪くなかった。しかし、肝心の歌が、特にヴィオレッタがだめだった——という上演にぶつかった人が、あとで「どうでした?」ときかれた時、「とてもよかった。ただヴィオレッタがだめだった」と冷静に返事できるだろうか。もし、そうできたら、それはよほどオペラをききなれた人だろう。しかし、また、そういう人は、ヴィオレッタがだめな《椿姫》を、おしまいまで我慢してきいているだろうか?

こう考えてみると、イタリア・オペラのことを書くというのに、カルロス・クライバーの指揮、クラウディオ・アッバードの指揮といった点からやってみるというのは、それ自体、矛盾しているのではないだろうか。もっとも、多少の例外はあるかもしれない。その指揮者が、イタリア・オペラの上演の歴史の上で、格段に重要な役を演じたような人であった時——、たとえば、トスカニーニのように、そういう時は、配役がどうなっていても、その人たちは、みんな、トスカニーニの考え、彼のスタイルを忠実にやれる人を選んでいるのだろうから、大体、誰が来ても同じだろうと思って、トスカニーニをききにゆくことになるだろう。カラヤンの場合も、相当これと似た事情があるだろう、と思われる。ただ彼は、イタリアものだけでなく、ドイツものだって、自分の気に入った人たちを使っているようにみえる。

では、クライバーなら、どうか。

私は、クライバーのオペラは、いつか、ミュンヘン国立歌劇場の一行が日本に公演にきた時、いっしょにやってきて、《ばらの騎士》を指揮したのをきいただけなので、イタリア・オペラとなるとどうなるのか、よく知らない。それで、今度改めて、彼が《椿姫》を振ったレコードを、ひっぱり出してきて、きいてみた（グラモフォン　MG8300〜1）。

そうしたら、そこに、かなりはっきりした特徴のあることがわかった。しかし、この特徴は、そのために、歌手が誰であろうと、始めから終りまで、クライバーのスタイルでやり通すというところまで、徹底したものであるかどうか。目下のところでは、私には、まだ断言できない。そうするには、私は、彼のことをよく知らなすぎる。

ただ、今いった特徴が、まず、オーケストラの扱いに、よりわかりやすい形で出ているのは、ことわるまでもないだろう。

それをよりはっきりさせるために、私はクライバーの盤のほかに、マリア・カラスがリスボンの歌劇場に出演して《椿姫》を歌った時の実況録音を、レコードにしたもの（エンジェル　EAC77338〜9）とくらべてみることにする。これは、一九五八年三月、リスボンのサン・カルロ歌劇場での上演だから、オーケストラや合唱も当然、この歌劇場の座つきの管弦楽団と合唱団であり、指揮者はフランコ・ギオーネ。ほかにアルフレードはアルフレード・クラウスが歌っている。

ついでに、念のため書き添えておけば、クライバーの方は彼の根拠地であるミュンヘン国立歌劇場のオケと合唱を使い、ヴィオレッタはイレーネ・コトルバス、アルフレードはプラシド・ドミンゴが歌っている。

以下、便宜上、話を両方の第一幕の演奏だけに限ることにしたいと思う。両方とも、第一幕はすっぽり最初の第一面におさまっているのだが、時間はかなりちがい、クライバー版では、二十七分二十一秒しかかからないのに、カラス版は、幕があいてからだけで二十七分二十四秒、それに前奏曲の四分六秒が加わり、この二つの間にちょっとした休止がはさまるが、それはごくわずかなのでネグレクトするとしても、全部で三十一分三十秒ということになる。ついでに書いておけば、以下、第二、第三、第四面でも、クライバー盤は二十七分四十二秒、二十九分ジャスト、二十五分三十七秒となっているのに対し、カラス盤は、それぞれ三十分二十七秒、二十九分十八秒、三十一分十九秒という長さである。どこをとっても、後者の方が長くかかる。つまり、ゆっくり演奏されているということになる。

音楽の演奏での時間は、しかし、いつも同じように流れるわけではないのは、いうまでもない。二つの演奏をくらべた場合、一方が他方より速いところはより速く、しかし、おそい部分もよりおそくという場合も決して少なくなく、ただ、両者の時間の長さを比較してみただけでは、大したことはわからない。

しかし、この場合は、概して、どこをとってみても、クライバー盤の方が速い。カラス盤の方が、ゆっくりと音楽が流れてゆく。そうして——これが肝心だと思うが——カラス盤では、単に、スター歌手の歌うさわり、全曲のきかせどころに、たっぷり時間がかけてあるというだけでなしに、純粋に器楽だけのところ、たとえば前奏でさえ、目立って、おそく演奏されているのである。

その結果どうなるか。音楽の中でも、旋律を歌わせる部分、抒情的な要素がより表面に出てきやすくなる。これが、クライバー盤のよりダイナミックな面の強制された行き方と、まさに好対照をなしているといっていい。

クライバーの指揮による演奏は、この点で、実に特徴的である。私はほかのレコードを大してきいていないので、断言はできないが、このことは、恐らくほかの多くの《椿姫》の全曲レコードときききくらべてみても、相当、目立つのではあるまいか。

ヴェルディのオペラ、特に《椿姫》のように、比較的早いころ書かれた作品の場合、音楽のつくり方は比較的単純である。その大部分は、歌があり――それも主として独唱――、あとはそれに管弦楽が、ス／チャ、ス／チャとかドン／パッパッ、ドン／パッパッとかいった、これ以上ないくらい簡明直截な音型のリズムを奏しながら、旋律の部分を何かの楽器で重ねて鳴らすという形が、いちばん多く出てくるのだから。それに、つけられた和声も、ごく普通のものである場合が圧倒的に多い。

しかし、そういう構造であるにもかかわらず――あるいは、そういう作り方であればこそ――、譜面をみると、ヴェルディは、実にいろいろな発想記号や、ダイナミック上の指定を書きこんでいるのである。

譜例14は前奏曲の例である。

これを演奏しているクライバーと彼の管弦楽の音を、一度でもきいた人は気がつくはずである。この旋律のデクレッシェンドしてゆくところが、これ以上ないくらい印象的なのである。コン・エスプレッシヴォと、ヴェルディは旋律の出だしに書きこんだけれど、ヴィブラートをいっぱいにかけて、ヴァイオリンがエスプレッシヴォで弾き出したあと、つぎの小節の第三拍でいったんとぎれるフレーズの終りにかけて、急に小さくなってゆく。そうして、そのまま四分音符の一拍をたっぷり、深々とした余情を残しながら、弾きおえる。四分の四拍子の音楽の第三拍で終る旋律であるから、旋律だけでいえば、いわゆる女性終止ということになるのだろうが、ここに何ともいえぬ風情がこめられている。同じ二小節が、もう一度くりかえされる。それらから、つぎの第五小節から第七小節の第二拍にかけて、一小節ひきのばされた三小節のフレーズになり、ここでもデクレッシェンドがくる。しかも、ここでは、そのデクレッシェンドの終りがくるところから、なお二拍が尾をひいている上に、つぎの小節の第一、第二拍まで、ずっととぎれないで、弱音がくる。ここがまた、嬋々(せん)たる風情の、いうにいわれぬ余韻を含んだ音楽になっているのである。こういうことは、イタリア・オペラでなければ、ない。いや、やってはならないのである。モーツァルトやワーグナーやR・シュトラウスの音楽で、こんなことをしたら、作品のスタイルを破壊する。下品というか、野卑というか。

しかし、ヴェルディでは——そうしてプッチーニでも——、これが許される。許されるどころか、これがイタリア・オペラの醍醐味の一つなのである。

それともう一つ、この場合の、伴奏のリズムをきざむ音型の演奏。これがまた、すばらしい。弦のピツィカート、それもこれ以上簡単なものはないといってよいくらいの、ソド、ソシ——ソシ、ソドといった動きにすぎないバスと、その上での単純な和音のス／チャチャ、ス／チャチャチャの連続。それが、このレコードでは、まるでベートーヴェンの交響曲でも弾いているみたいに、一糸乱れぬ合奏の正確さを守りながら――、しかも、その中に音楽がいっぱいあるのである。いっぱい、音楽が感じられるのである。私は驚いてしまった。

　前奏曲に出たのと同じ旋律が、第一幕の幕切れ前の、例のヴィオレッタの延々と続く、シェナとアリア（第六曲）にも出てくる。いや、これは、その前にみんなが広間にいったあと、ヴィオレッタとただ二人残ったアルフレードが彼女に向って、恋の思いのたけを歌いあげた時、その絶頂をなすへ長調、八分の三拍子のクライマックスに出てきたのだった。

「ああ、私のあなたへの恋、それは宇宙そのもののときめきであり、神秘的で誇り高く、心にとって、悩みでもあれば歓びでもあるのです Di quell’amor ch’è palpito/Dell’universo intero,/Misterioso, altero/Croce e delizia al cor.」

　ここは、《椿姫》全曲を通じても、その最も強いクライマックスの一つである。ヴェルディは、ここにも、こまかな指定をつける。

よく注意して、譜例15をごらん頂きたい。歌の部分は、小節の頭がfではじまり、コン・エスパンショーネ（大きくふくらんで）という発想記号をつけておきながら、つぎの小節の終りに向って、デクレッシェンドさせるのである。これに対し、伴奏の管弦楽では、バスがp、そうして内声はpp、そうしていずれも、ピッツィカート。

これが、クライバーのつけた伴奏で、歌われるのをきくのは、これまたイタリア・オペラの最上の楽しみの一つというほかない。

三通りのダイナミックのつかいわけと、それから微妙をきわめた複数なニュアンスの同時存在のおもしろさ。

しかも、ここに三段にわけて書かれた楽譜の、どの段をみても、何ということはない進行ばかり。旋律は、三つずつ一組のフレーズが四つくりかえされるたびに、だんだん音階的にさがっていって、上のfから下のfにゆくだけのこと。バスはドソド／ソソシ／ソソシ／ドソドというだけのこと。内声も、主和音ないし属七の和音のアルペジョ、三連符の連続。

それでいて、この音楽の、私たちの胸の底まで浸透してくる力の不思議さ。強い香りと、やさしい魅力。こういう重層的構造の楽しみは、指揮とオケが弱い演奏か

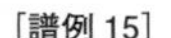
[譜例15]

らは生れてこない。

とはいえ、この魅力と力強さの源泉は、ヴェルディの作曲にあるのである。それは、いうまでもないこと。だが、クライバーの演奏の特徴は、くりかえすが、まるで純粋器楽曲みたいに正確で、非常に整理された、そうして、やや速めのテンポで流しながら、音楽からダイナミックな力を、存分に発揮させるところにある。

だから、広間でさんざん踊ったり遊んだりした大勢の客たちが、「さあ、夜が明けた。もう引きあげよう。まちはうたげにみち、歓楽の時は過ぎてゆく……」と歌いながら、一人居間に残っていたヴィオレッタに挨拶したあと、外に出てゆくところ――、ここでの合唱は、単に遠くから近くに来て、それからまた戸外に散らばってゆくという話だから、記号化すれば、〈*p*―*cresc.*―*f*―*decresc.*―*p*〉という抛物線を描くだけでいいわけだ。

事実、たいていの演奏は、そうなっているし、それで終っている。だが、クライバーでは、ダイナミックの描くカーヴは、すごくきつくて、強い。特に部屋の外から、内に入ってくる部分は、何ごとが始まったのかとびっくりするほどのクレッシエンドである。こんなところで、こんなに緊張力の強い音楽に会うとは予期していなかった私は、びっくりした。

こういうクライバーの演奏に対し、カラス盤の方は、前にも一言ふれたが、はるかに抒情的で、静的である。前奏は、ただおそいというだけでなく、ヴェルディの指定した以上に、重く暗い予感に満たされたアダージョである。つぎに出てくるあの旋律［譜例14］も、ずっとおそく弾かれる。しかし、クライバーにみた、あの絶妙のデクレッシェンドと、余韻に満ちた特徴的な*p*はない。――それに、実況録音だから、オーケストラ・ピットに入っている管弦楽の音が、良好な状態でレコード化されていないという事情も、考慮に入れておかなければなるまいが、ここでは、いっぱいのレガートで弾かれる旋律に対する、スタッカートの伴奏という対照が、十分に機能していないためでもあるのだろうと思う。同じことは、あとでこのふしが出てきた時の、譜例15の演奏についても、そっくりあてはまる。ここでは、歌の声ばかりよくきこえて、オーケストラはごくごく控え目にしかきかれないといってもいいくらいだ。要するに、ここでは管弦楽は、歌手に仕える従僕でしかない（たいていのイタリア・オペラのファンは、それでいいと信じているのではないだろうか）。

しかし、このレコードでのききものは、ここにあるのではない。これはカラスとクラウスの、すばらしいソロと二重唱を味わい、楽しむためにある。そうして、その点では、このレコードは申し分がない。カラスが、第一幕の始めと、アルフレードの愛を知ってからとでは、まるで別人のようになっているヴィオレッタを演じ、歌っている点、見事というほかない。はじめは、誰のいうことも軽くうけながし、従ってアルフレードの告白も、適当にあしらっているだけの応待ぶりである。しかも、その間、職業柄とはいえ、微笑をたやさず、水もしたたる魅力を遺憾なく発揮する。しかし、アルフレードの、身も心も捧げつくした愛へ、いつでも転換しようという心構えのできている〝恋〟にふれて以後の彼女は、別人だ。それが、すべて「歌」に出ている。

これに対し、このレコードでのアルフレードを歌うクラウスは、すばらしい美声の持主である。ことに、彼がヴィオレッタに対し、自分の愛を告白する歌（第四曲の二重唱での）は、その美声に加えるに、いかに彼がこの役に通暁し、熟達しているかをよく示している。ということは、そのあとではじまる二重唱で、カラスの劇的なコロラトゥーラの烈しい波に対し、アルフレードが受け身で応じる、その反応の仕方によく出ている。ここと、そのあとの一人になったヴィオレッタの長い述懐（シェナとアリア）、それをきくだけで、すでに、このレコードのかけがえのない価値のすべてがある（第一幕に関する限りでいえば）。

これに対し、クライバー盤でのコトルバスは、オケがそうであるように、歌も、まず純粋歌唱として、すばらしい出来栄えである。声はこの種の役のソプラノとしては、むしろ高い方ではないかと思うが、極めて高度の訓練を経た、最良の音楽性をもつ歌手といっていいだろう。今ふれた第四曲のアルフレードとの二重唱でも、はじめは男が主要声部をうけもち、彼女はそれにつけてゆくのだが、そのうち次第に、女声のコロラトゥーラが、男声の上をゆくようになり、高く飛躍する。これをきくのは、まるでヴァイオリンとピアノのソナタでもきくのに、一脈通じるものがある。

これに対し、アルフレードを歌うドミンゴは、純情の青年というより、すでに堂々たる貫禄をもった男盛りの威厳を感じさせるテナー、といったら、いいすぎだろうか。とにかく、ここではヴィオレッタは可憐純情な女性であり、男性は、これなら、このオペラに示されるアルフレードのふるまいよりも、もう少し思慮分別が出来上っていても不思議ではないといいたくなる声と、歌いぶりである。

だが、このアルフレードの歌う、例の《乾杯の歌》（Libiamo ne' lieti calici　酒をくもう、美しい人が花をそえる喜びの杯に）、ここでもスビト・ピアノの美しさは、ふんだんに味わえる。正確にぴしっときまっていて、しかも——いや、それだから——効果満点のクライバーの伴奏ぶりである。

クライバー　モーツァルト『交響曲第三六番リンツ』、ブラームス『交響曲第二番』

ヴィーン・フィルハーモニー管弦楽団
DVD［フィリップス　PHBP一〇〇五］

今月は、カルロス・クライバーがヴィーン・フィルを指揮した演奏会の実況のLD（LDは廃盤で現在はDVD［フィリップス　PHBP一〇〇五］）が出た。

クライバーの指揮姿、それから彼の指揮棒の下に生まれてくる演奏のすばらしさということなら、今さら私が書かなくとも、みんな知っている。その点では、これについて書くのは、不必要なことかもしれない。しかし、このLDを見た人は、どうしても何か言ったり書いたりしたくなる。それくらい、これは人を魅了せずにおかない盤である。そうして、こういうものについて書くというのは、実は、そう簡単でも、やさしくもないのである。だが——というか、だからこそというか——、私は書いてみたいのである。

このLDに収録されたのは一九九一年の一〇月の六日と七日、ヴィーン・ムジークフェラインの大ホールで行なわれた演奏会のライヴだそうで、曲目はモーツァルトの《交響曲ハ長調（第三六番「リンツ」）》とブラームスの《第二交響曲》である。何という選曲だろう！　《リンツ》は、例の三大交響曲などに比べれば、いや、その直前の《プラハ》交響曲に比べても、小ぶりで地味な存在のようだが、実はすごく魅力的な曲である。とてもよく出来ている上に、繊細さと流麗さという、いつもモーツァルトが忘れなかった基本的な土台の上に、ある種のドライ・シェリーみたいなすがすがしさ、「精神性」の高い匂いがある名作である。それが、このクライバーの指揮で聴くと、まさに言いようなく高雅な香りをもった音楽として聴こえてくる。

第一楽章のアレグロ・スピリトゥオーソに入る前の短いハ長調の導入部は、最近のいわゆる「オリジナル楽器とそれによる編成の演奏」に馴れかけてきた私たちの耳に、久しぶりで聴く懐かしい現代大オーケストラの立てる厚みと広がりをもった重量感ある響きとなって、聴こえてくる。それでいて、この響きはだぶだぶした肥満型——小錦みたいな——の響きでは全然なくて、引き締まった実に良い音なのだ。そのあと、聴こえてくるアレグロのすがすがしい音の流れは、知的に澄んでいて、型として端正で、しかも情味あふれるものである。こういう演奏こそ、貴族主義的趣味的芸術と呼んではいけないだろうか。いずれにせよ、だが、これは十七世紀ヨーロッパの高雅な古典主義からまだ遠く離れてない十八世紀の宮廷芸術の最高の種類に属する音楽になっている。私としては、これを聴いていて、ヴェルサイユの小トリアノン宮殿、あるいはポツダムのサン・スーシーといった、やたらに大きくはない、引き締まった輪郭の、美しく均整のとれた建築物を思い出さずにはいられなかった。

全曲を通じて、細緻なレース細工みたいな繊細さが主調になっているが、それでいて、たとえば第一楽章の展開部の演奏にはっきり出ているように、緻密な論理性と少しも気張らない、肩の力を抜いた、のびのびとした柔軟性とが、まったく矛盾しないで、共存しているのである。

第二楽章の、充実した静けさも特筆に値する。クライバーは、この曲を全体として、*p*ないし*pp*を主眼として、設計しているので、今言った「静かな充実ぶり」が味わえるのはこの楽章だけではないのだが、それにしても、この小さな静かな音楽の魅惑は本当に稀にしか耳にできないものだ。この点で、クライバーの指揮ばかりでなく、ヴィーン・フィルの楽員たちの名演も称えられなくてはならない。すべての運動をやめてしまって、棒をもった右手の人差指を棒の上で上下させるだけでリズムを刻む指揮者に応えて弾く音楽家たちの出す音といったらない。その一つ一つに心のすべてがこもっているような*pp*なのだから。第三楽章のメヌエットのトリオで、オーボエがひとりふしを吹くだけのその時間の澄んだ足どり。つぎに、そのオーボエとファゴットがカノンで対話するときの静けさ。典雅の極みである。同じことは終楽章にももちろんあてはまるが、ここには、さらに「静かな熱狂の瞬間」というか、「熱狂を静かに含んだ瞬間」というかがあり、これを聴いていると、「そう、この曲を演奏するに当たってクライバーの考えの核心にあるのは、すべての音が完全に内面化され、静けさの中でわずかに高まり、また静けさに戻る内面の劇としての構想なのだな」と納得される。

本当に典雅な宮廷芸術としての《リンツ交響曲》。今日の世界で、これを実現できる指揮者はクライバーただひとりではなかろうか。

私は、かつてグレン・グールドを、「最もフォトジェーヌな（写真映りの良い、また映像になって、はじめてその人の芸術が全面的に明らかになる）音楽家だ」と書いたことがある。そのとき、私は、「ジェシー・ノーマンとともに」と書き添えたのだったが、実はカルロス・クライバーもこの二人にまさるとも劣らぬ人なのだ。

彼の指揮姿は、すべてが完全に音楽とともに生き、音楽とともに動き、終息する。しかも、その姿は、見るものの目に、限りない愉楽として映じ、どんな瞬間も喜びを与えずにおかない。その点では、バーンスタインもほとんど同じようなのだが、一つ、決定的な違いがある。バーンスタインは、あんなに本人は意識し、時に烈しく学びとろうとしたのだが、クライバーが自然に身に具えている「ヨーロッパの香り」――「ドイツを中心とした中欧の匂い」といったほうがより的確なのかもしれないが――とは、終生、異縁の人だった。バーンスタインの芸は、もっとナマで人間臭く、外面に現れやすいものだった。

それに比べて、クライバーのは、もちろん彼の動きが指示するものは、彼の考えを完全に「外の形」として現すに十分なものになっているには違いないのだが、それでも、なお、そこには、含羞（がんしゅう）というか、すべてを裸のわかりやすい形で出すことへの一つの抑制がある。これはまた、近ごろ評判のチェリビダッケのような人とも、まるで違うものだ。第一、チェリビダッケは命令し、楽員たちを上から抑えつけているのに対し、クライバーのは、逆に、楽員たちを誘導し、彼らの内部から音を引き出させるのである。

といっても、クライバーは少しもあいまいでも、妥協的でもない。彼の意志は、いつだって、疑問の余地がないくらい、明確に形になって示されている。

今言ったことは、このLDの第二面に入っているブラームスの《第二交響曲》の演奏にも、《リンツ》に劣らず、はっきり出ている。

ただ、この曲では、音の流れの起伏は、はるかに大きくなり、その流れは速くなり、遅くなり、クレッシェンドとデクレッシェンドの対照、あるいはその両者の間の移りゆきのときの音の動きはぐっと厚みを増し、変化に富んでいる。それでも、ここでの基調が、「充実した静けさ」である点には変わりはない。そうして、これがこの演奏の最大の特徴なのである。

第一楽章の静かな開始から、第四四小節（練習記号のA）以下、次第に音が厚みを増して、クレッシェンドにクレッシェンドを重ねていった末に五九小節でfないし*sf*の最初の高まりに到達するまでの、*p*の領域での音の動きは——どんな指揮者だって同じようにしているにもかかわらず、——ここでは——まさに微妙の限りをつくしている。

そうして、これが結局は、クライバーのこの交響曲に対する姿勢の基調となっているのだ。というのも、ここでクレッシェンドの末、到達した*sf*の領域では、ヴァイオリンを先頭とする弦楽群は、モーツァルトでは見られなかったような、弓におさえつけるような強い圧力を加えた奏法で旋律を奏しだす。その結果、音の厚味が加わり、変化は一層烈しくなるのはいうまでもない。

このあと、第一楽章では各パートの間の受け渡しが多く、LDのおかげで、それを見、かつ聴く楽しみは音だけの場合に比べ、倍加するのはいうまでもない。

第二楽章でも「静かな充実」の原理は少しも変わらない。この楽章で特筆に値するのは、第一七小節以下オーボエのソロから始まって、フルート、それからチェロ（とコントラバス）と相引き継がれてゆく旋律［譜例1］のソロの奏法の美しさ。これは「静かな充実」というより、もっと魅惑的な官能的な「静かな恍惚の領域」にまで深まってゆく。

[譜例 1]

[譜例 2]

それに匹敵するのはコーダに入っての（第九七小節）長くひきのばされた *pp* ＞であって、これに続き管楽器で第一主題の第一モチーフが回帰し回想されるあたりは、最弱奏が表現のクライマックスになる、すばらしい例である［譜例2］。

第三楽章のアレグレットは、もう、完全に熟した柿のような味わいを持った出来栄え。最初の四小節の短いポコ・ソステヌートが弱奏で終わるのを聴いていたら、これほどの音楽、これだけの演奏に、いつまた、ほかで出会えるだろうか、と思って、つい溜息が出てきた。

クライバーの《リンツ》は、内面の劇となっていると書いたが、そのことは、このブラームスの《第二》でも変わらない。「音楽」が、ついに、「音で始まり音で終わる」というのも間違いではないが、実は、それだけ言ったのでは十分ではない。音で始まり終わる、そのすべての音は精神の裏付けがあって、初めて音楽になる。少なくとも、それがヨーロッパの（古典）音楽の在り方なのである。クライバーはそれを徹底的に見事に示す。ここでのブラームスの《第二》でも、《リンツ》に劣らぬ浄化された響きの美しさが聴かれるのであり、その意味で、この交響曲の終楽章では、*p*も*pp*も、すべて精神化され、純乎たる音＝精神の世界の出来事と化している。

私は、以前、一九九二年のニューイヤーズ・コンサートでシュトラウスたちのワルツやポルカを指揮するクライバーがやつれて、いかにも辛そうに動いているのを見て、その前、東京の演奏会で見たときや、一九八九年の同じニューイヤーズ・コンサートのときの元気な楽しそうな彼の姿との違いがあまりに大きいのに気づき、病気ではないかと心配したものである。しかし、この一九九一年一〇月の映像は、元気で跳ねまわっているという印象ではなく、より精神化された姿の印象が強いが、しかし、病気のようには見えない。してみると、一九九二年の映像は、たまたまあのとき、何かの調子であんなふうだったのであろうか。

クライバー　ベートーヴェン『交響曲第四番』

バイエルン国立管弦楽団
CD［オルフェオ　PHCF－5305］

この月に関して言えば、「今月の一枚」としてとり上げるべきものは、あんまりはっきりしすぎていて、心配なくらいである。

私のいうのはカルロス・クライバーがバイエリッシェス・シュターツオルケスター（つまりはミュンヘンのシュターツオーパーのオーケストラのことだろうが）を指揮したベートーヴェンの第四交響曲のレコードのことである。このレコードをきいた人なら、みんな、それぞれの受けもつ推薦盤として上げたり、論じたりするだろうから、私のように、月々たくさんでるレコードからたった一枚選ぶという仕事をしている場合は、むしろ、重複をさけて、別のものを選んだ方が、読者にとっては、意義が大きいかもしれないと思う。

実は、私はそういう考えで、いったんは、ほかのレコードをとりあげて書く準備をしたのである。しかし、もう一度考えてみると、こんなにすばらしいレコードが出たのに、ただただ重複を避け、遠慮するという理由で、これにふれずにおいてしまったら、あとになって、「何だ、私は、このレコードが出た時、見逃してしまったのだったっけか。何とだらしないことだろう!」と、自責の念にかられる——といったら大袈裟なら、少々恥かしい気持になったかもしれない。それくらいなら、やっぱり、素直に、ありのまま、これを上げることにしよう。と、思い直したわけである。

この演奏をきいて、まっさきに頭に浮んだのは、指揮者のいかにも「格式の正しい、偉大な古典の音楽を演奏するにふさわしい、態度、心構え」ということである。始めから終りまで、均整がとれた堂々たる音楽の歩み、足の運びのりっぱさで一貫して押し通している演奏である一方で、少しも、堅苦しくならず、むしろ、どこをとっても自発性にとんだ動きの中に、気迫の充実が感じられるのである。

このレコードの第四交響曲がいかにも格調の高い古典性にうらづけられた名作の俤(おもかげ)を保っている一方で、ちっとも、すでに何十回、何百回とききなれた古い曲という感じを与えず、いかにも生気潑剌(はつらつ)たる清新な音楽としてきこえてくるのである。

これを「名演奏」と呼ばなくて、ほかの何を呼んだらいいのだろう。

その理由は、私が考えたところでは、こんなところにあるように思えた。

このごろの一般的傾向として、かつてのあの「機能主義的な」快速調のテンポで、ごたごたした細部に拘泥することなく、鮮やかな棒さばきで、全体を颯爽とのりきってゆくといった指揮ぶりよりも、むしろ、おそめのテンポを基調に、じっくりきかせ、心ゆくまで歌い上げたり、――きくものを、ここにこんな美しい和声の流れ、きれいな旋律が隠されていたのか？とびっくりさすような――細部のおもしろさを掘り出しながら、前進してゆく演奏が、好まれてきているように思われる。以上を、大きくいえば、前者をアレグロの運動の快さを土台とした音楽と呼ぶとしたら、後者はアンダンテ乃至(ないし)はアダージョの歌う音楽、抒情性の音楽といってもいいようなものだろう。この演奏のスタイルの根本のところでみられる変化は、近年の好みが、交響音楽でいうと、ハイドンやベートーヴェンのものより、シューベルト、マーラーといった長大で、抒情性乃至は物語り性を基調にいたるところに魅惑的な細部を秘めた音楽に向けられてきていることとも、無関係ではないのだろう。人には、見通しがよく、きちっと設計され、がっちり構成された音楽のもつダイナミックな迫力と、知的な風通しのよさにあふれた音楽、はじめから目標をきっちり定め、そこに向って無駄のない清潔な旅行をするような音楽よりも、「能率的」な旅行をしていたのでは目につかないような細部に秘められたさまざまの魅惑の風景を求めてさまよい歩き、心にとまるところがあれば、興趣にかられて、いつまでも心ゆくまで味わいつつ行くといった音楽を愛するようになったのではなかろうか。

　それは、新しく擡頭（たいとう）してきた音楽家たちの演奏ぶりに観察されるだけでなく、かつて「アレグロ派」の代表選手のような形で華々しく登場してきたカラヤンが、近年、時としてみせるような変化にも、現われている。カール・ベームにしても、その一人に数えていいだろう。若いころのベームは、几帳面なくらい、テンポを正確にとって、リズムを崩さない音楽をしたものだった。そのリズムを、必要がない限り、なるべく崩すまいという心構えは、彼の晩年まで残っている。それは誰のものともしらないで、彼の晩年のものをきいてみると、びっくりするほど、きちっとしたイン・テンポが土台にある演奏になっていることに出ている。だが、そのリズムのもう一つの軸であるテンポとなると、これは、かなり目立っておそくなった。そうして、この両者の間隙から、かつての彼を思うとびっくりするような、テンポ・ルバート——というより、自在なテンポの動きの音楽が生れてきたのだった……

今度のカルロス・クライバーのレコードをきいて、誰もが感じるだろうことは、以上いった最近の動向にもかかわらず、ここに展開されている第四交響曲が、思いのほか、速く演奏されていること。それにもかかわらず、ただ速い演奏というのでなくて、変化にとみ、内容の豊かな音楽という印象を強く与えずにおかないことではあるまいか。

第一楽章の導入部のアダージョなど（最初の*pp*の和音の柔らかで深い響き!!）、二分音符でできている第二、第三小節と、四分音符四つからなる第四小節、そのつぎの全音符一つの第五小節と、テンポがかなり変っている。特に第四小節の四分音符たちは、たたみかけるように、速くなる。そこから、まるでシューベルトでもきいてるような、「歌の音楽」としての第四交響曲の一つの特性が強烈に——といっても、音自体はロマンチックな*pp*の弦のアルコによる斉奏（せいそう）なのだが——印象づけられる。そのあと、しかし、休止符を一つおきにはさんだ分散和音のモチーフの部分になると、ここは、逆に、リズムの音楽になり、きちっとしたテンポに変る。

この交代の明確な変化は、「形」として見事に造型されているばかりでなく、何ともいえぬ爽やかさと、謎めいた深さとの不思議な対照と合一という効果を生みだす。

このあと、導入部が終って、主要部に入るところで、私は、その意外な速さにびっくりしたのだが——それは、私の耳がこのごろよくやられる、ややおそめのテンポのアレグロになれていたからというだけでなく——今きいてきた導入部のたっぷりしたアダージョも、主要部のアレグロ・ヴィヴァーチェも、両方とも二分の二拍子で書かれていたのだという事実を、改めて、気づかせるという働きをしたことになる。

同じベートーヴェンのアレグロ楽章といっても、四分の四拍子と二分の二拍子の違いについては、何回か前、ブレンデルとレヴァインのピアノ協奏曲の例でみたばかりで、生々しい記憶が残っているところだが、今度のクライバーの第四交響曲の演奏も、あれに劣らぬすばらしい実例ということになる。それに、ここでは、アダージョからアレグロに移るテンポの変化にみられるリズムの微細を極めた動きも実におもしろい。正確で、しかも、心憎いばかり、生き生きとした――いってみれば、生命の呼吸を音で造型したとでもいいたいような――音による空間をつくり上げているのである。

同じようなことは、この楽章の展開部に入るところ、入ってからしばらくして、新しいモチーフが出てくる前、再現の前、コーダの前と、何回かみられるわけだ。こうしてみてゆくと、この楽章が、結局は、以上のアダージョからアレグロへの移りゆきというものを軸として書かれたものだということがわかるわけで、クライバーが、第一楽章で演奏に当って最も重きをおいていた点も、この移りゆきの扱いにあったに相違ないのである。

第二楽章、第三楽章。どれも、おもしろい。第二楽章は、これまで、私がこのごろ慣れていた――あるいは、つい、そちらの方向に傾いた演奏で好んできくようになりつつあった――おそめの抒情性に重心をおいたゆき方がとかく残しがちの「憂愁の気配」からくる、やや重っ苦しいものから、きれいさっぱり解放してくれる。しかも、音楽の「深み」はそのために減るどころか、かえって、増してくるのである！　やや速めのテンポで、細かく分割されたリズムをきっちりとりながら、充分に歌い、音色の変化対照の感覚美もないがしろにされてない。一掃されたのは、「感傷的な味わい」だけである。

終楽章。歯切れがよくて、精力的で、しかも、ちっとも騒々しくないのに驚いてしまう。

ただ、第三楽章やこの終楽章などをきいていると、前の二つの楽章にも増して、このオーケストラの弦の響きにもう少しばかりの冴えがあり、管の音に輝きがあったら、どんなにいいだろう！と思ってしまう。

これは、完全なライヴ演奏からとったものだそうだが、そうだとすれば、このオケはオペラのオケの一般的水準からみれば、相当優秀なものだということがわかる。だが、私たち、レコードできくとなると、やたら世界の超一流のオケできなれているので、つい、こういった慾も出てしまうのである。その反面、このごろは実況録音盤と銘打ったものには、やたらと拍手を入れた部分が長いのが少くなくて、私は苦々しく思っている。ことに、はじめから長い拍手が入っているのは、どこから針を下ろしたらいいかわからなくて、やりきれない。その点、このレコードは最後に一個所入っているだけだから、私みたいな人間は、そこで止めればすんでしまうので、ありがたい。

そう、大切なことを一つ書き落した。先日、私はかつてロッテ・レーマンの歌ったドイツ歌曲のレコードを新しく入れ直したものをきいて、いろんな点で感慨深いものを覚えたのだが、その中で一つ。彼女のすばらしく明瞭なドイツ語の発音のすばらしいことととともに、そこに何ともいえない勢いが良くて、弾みがあって、活力のみなぎっているのに気づいた。こういう力強さというものは、かつてドイツ人のしゃべり方や身ぶり、いや、それ以上に彼らの「心情」の豪気さ、いや雄勁（ゆうけい）さとでもいったものに、一般的に、みられたものらしく、今でも少し年の多いドイツ人に会うと、彼らのしゃべるドイツ語の力強さ、元気のよさにびっくりすることが少くない。日本にいても、ドイツ人の歌の先生、たとえばリア・フォン・ヘッサートとかネトケ・レーヴェといった女性に会った経験のある人なら、私のいうところをわかってくれるだろう。あの人たちは、何ごとにつけて、元気よく、活発に、堂々力いっぱい、しゃべったものだ。このしゃべりの生れる基本と同じところから、彼らの歌の歌い方、ドイツ語の発声やイントネーションも、生れて来たわけだろう。それが、現代では、ドイツ人のしゃべり方も変り、それと同時に、ドイツ歌曲の歌唱法にも、ほとんど面目を一変したといってもいいくらいのちがい方が出てきた。それに、ドイツ歌曲といっても、現代はドイツ生れのドイツ人の歌手だけでなく、世界中から名歌手が出てきている有様である。だが、そういう中で、ロッテ・レーマンの古いレコードなどをきくと、ハッとする。その力強さ、豪気さ、生命力のあふれるような活発な発動、といったものに通じる何かが、このクライバーの演奏にもあって、私はびっくりした。かつてのそれと、同じではなく、もっと洗練され、知的になったものだが、しかし、同根のダイナミズムがあって、それが、ベートーヴェンのこの雄渾(ゆうこん)のうちに優しさの一端をもつ傑作の名演奏を支えているのである。

クライバー　ヨハン・シュトラウス『こうもり』

バイエルン国立歌劇場
エーベルハルト・ヴェヒター他
LD（CDヴィデオ）〔グラモフォン　W00Z24011〜2〕

数日前、ＶＨＤの生産販売の戦線が縮小されるという記事が新聞に出ていた。それをよんで「ああ、やっぱり、そうなるのか」と思われた人も少なくなかったろう。私も、そのひとりである。

今のように、ヴィデオ・ディスクがハードの台数だけでなく、ソフトの品数をみても増えてくると、同じような用途に役立つ製品に、ＶＨＤとＬＤ（同じものをＣＤ・Ｖｉｄｅｏという呼び方をしてる会社もあるけれど）の二種類があるのでは、一台の機械を買えば、同じような品は何でもかけて見られるというのでなく、二種類の装置を別々にそなえ、あるものはこれ、あるものはそれと使いわけなければならない。これは、ユーザーとしては、不便であり、金もかかる。しかもこの二つは、音や映像を再生するシステムがまるで違うのだから、その競合状態を解決するために、そのどちらもかけられる装置を作ることもできまい。かといって、両者の中間で、妥協点を見出すのも不可能だ。何とか、うまい打開策がないものか。かつてHiFi・レコードができたころも、ビクター式のドーナッツ盤とコロムビア方式の三十三回転と、もう一つ、営業用というか放送局用というか、もっと大きいのと——何センチで何回転だったか覚えてない——三種類あって、やっぱり不便だった。しかし、それが三十三回転の三十センチだったかに統一されたので、利用するのに大いに便利になっただけでなく、売り上げだって大いに伸びたという前例もある。それにヴィデオ・テープもベータマックスとVHSの二種が対立していたのが、近年、一方が思いきってもう一方の方式も採用販売することにより、利用者は、それを持っていれば、不便がなくなった、という事情が生れた。こういうことが、ヴィデオ・ディスクでも実現しないだろうか。

しかし、それと同時に、心配なこともある。たとえば、将来の製品はLDの装置でみんなみられるとしても、これまでVHDに入っていて、今後も何度もみたいと思っていたものは、どうなるのか。やっぱりＶＨＤの装置を、そのまま使っていなければならないのか。そのＶＨＤが磨滅するか、ハードが具合が悪くなって、かけられなくなったとしたら、新しく買い直せるのか？　これは、私には相当大きい問題である。

というのも、ＶＨＤには、これまで、私が愛用していた盤が少なくないからである。ＬＤ、ＣＤ・Ｖｉｄｅｏにも優秀な盤がいろいろある。しかし、ＶＨＤにも、たくさんある。

これは、新しく買い直すと金がかかるとか、すでに所有しているものへの愛着といった問題だけではないのである。

今月は、この問題を考えるのに適当な例が出た。

私のいうのは、ヨハン・シュトラウスの『こうもり』のヴィデオ・ディスクのことである。

バイエルンのシュターツオーパー、つまりミュンヒェンの国立歌劇場で、一九八六年の十二月三十日と三十一日、つまり年の終りの二日にわたって行われた実演からのライヴ収録だということだが、オットー・シェンクの演出で、歌手はエーベルハルト・ヴェヒター、パメラ・コバーン、ジャネット・ペリー、ブリギッテ・ファスベンダー以下、そうして、指揮がカルロス・クライバーという陣容である。

第一に言えることは、これは現在経済的にものすごく繁栄していて、芸術的にいっても、恐らくこの歌劇場の歴史からみて、「最高」とはいわなくとも、「一つ」の頂点にあると——自他共に許している、ミュンヒェンのオペラが、贅をつくしたガラ・パフォーマンスの実況収録だという事実である。大晦日に『こうもり』をやるのは、ヨーロッパのオペラの恒例の一つでもあるけれど、八六年の、ミュンヒェンのは、単に恒例の行事という域をこえた豪華さであり、また充実ぶりであったに違いない。舞台の上、オーケストラ・ボックスの両者での演奏と演技もそうだし、時々映し出される平土間や二階からその上のボックスに坐る客たちの盛装をこらした姿をみても、その場のさかんな雰囲気がよくわかる。ナポレオン三世治下のパリのオペラ座を例にひいたら——私なんか、話にきき、本で読むだけだから、そんなことをいってもつまらないけれど——、俗っぽく、子供っぽいかもしれないが、今も話に残っている、あのころのマイエルベールの『ユグノー』などの舞台の壮麗さといっても——それはたしかに大変なものだったかもしれないが——音楽と舞台の結びつきの緊密さと、質的な高さとの点で、このヴィデオ・ディスクにみるミュンヒェンの『こうもり』の高さに達していたかどうか。当時のパリの売りもののオッフェンバックのオペレッタ――たとえば『天国と地獄』も、そのにぎやかさという点で相当なものだったに違いないが、演奏の点では、とてもこんなに精緻なものでなかったろう。それはものすごく生気盛んなものではあったろうが、まず猥雑なものを土台としていて、そのエロティシズムから「生きる歓び」がシャンペンのように沸騰してきたのではなかったろうか。この『こうもり』は、それにくらべると――といったって、想像上の比較でしかないけれど――ヴィーン＝ミュンヒェン（ミュンヒェンはヴィーンに最も近いドイツの大都市であり、両者は南ドイツの方言として共通点をいっぱいもっている）特有の、もっと厚ぼったくて、しかも物憂いソフィスティケートされたスプリーン（倦怠）の匂いがむんむんする舞台になっている。

そのスプリーンの匂いを発散する役割を端的に象徴すべき役割を担うのがファスベンダーであるのは、ミュンヒェンのオペラである以上、彼女をおいてほかにない配役だから当然だけれど、どうかな。歌はすごく良いけれど、姿の点でちょっとばかりものたりない。特に彼女が、時々、演技の合間合間で、いかにも人の好さそうなほほ笑みをみせたりするのをみていると、ヤレヤレと思ってしまう。

　ペリーのアデーレは、控えめのようでいて、歌う力も高いし、演技だって、効果的だ。ヴィーンのフォルクスオーパーの歌い手たちでは、とても、こうはいかない。いや、ヴィーンだけではない、『こうもり』だというので、少しは俗悪だってかまわないと、わざとやってるような歌手の品のなさとはくらべものにならない質の高さである。

　パメラ・コバーン（ロザリンデ）という歌手も悪くない。私はよく知らないけれど、かなり若い人なのだろう。少々、アクが少なすぎ、素直すぎる感じだけれど。アクといえば、ヴェヒターのフォン・アイゼンシュタインは芸達者で注目される。この人のこの役が、よほど、ミュンヒェンの公衆に愛されていることは、みていて、すぐピンと来る。また、それだけうまい。しかし、やっぱり、少し年をとったなという感じがする。もう少し若かったら、どんなによかったか。あと、ベンノ・クッシェのフランク、ムクセネーダーのフロッシュなどはまあまあ。いや、フロッシュはあとでふれるＶＨＤで演出と同じ人が演じていた姿があんまり鮮やかに瞼（まぶた）の裏に焼きついているので、ここでは大分損をしている。

しかし、このヴィデオで、最大の売りものの一つ、いや筆頭にあげるべきものはカルロス・クライバーではなかろうか。序曲の時に、彼の指揮姿をたっぷりとっているのは当然として、そのあと、第二、第三幕でも、彼が管弦楽の頭ごしに歌手たちのアンサンブルを指揮しているシーンが出てくるが、それは指揮というだけでなく、文字通り、みんなといっしょに歌っている姿だ。完全に、歌手の仲間入りをし、その重大な役をになっている。それも、何と軽々とやってることか！

『こうもり』をふる時だけではないが、このカルロス・クライバーという人は、世界中のどんな指揮者より――少なくも私の知る限り――、音楽の形だけでなく、当面する曲、歌、アンサンブル、ソロ、等々等々のそれぞれのキャラクターをこの上なく的確に、棒と身体の動き、目の光り、手、指、その他のすべてでもって、目に見える形に造型し、演奏家に伝える。いや、それをみている私たち観衆にさえ、彼が今、何を音楽の中に読みとり、何を感じ、演奏家に何を、どんな音を求めているかが、伝わってくるような指揮をする。それも、何ともいえない軽々とした物腰と優雅さでもって、そう、彼こそは、現在、世界でいちばん優雅な指揮者といっていい。

彼をみていると、何ともいえず楽しくなってしまう。すべてが他人の真似でなく、自分の中から出てくる。そうして、少しも俗っぽくなく、わざとらしくなく、まるで、日常性、散文性を超えた次元、すべてが詩をもった踊りの世界の出来事みたいにして。

ありがたいことに、ヴィデオでは、この天才的な指揮者の姿が真正面からの角度で映されて、はっきりみえてくる。こんなことは実演ではあり得ない。

それにしても、『こうもり』では、私は、何年か前、ＶＨＤ*で出たヤノヴィッツのロザリンデが忘れられない。ヤノヴィッツは美人というほどの人ではなかろうが、第一幕で窮地に陥るたびに、やたら薬をのむ時の仕草さなど、何ともいえぬ上品なユーモアと、本当にこうであって、別様ではあり得ないような本当らしさで、つまり、少しも演技的でなく、生地のままの身ごなしでやってるに違いないと思わせるところがあって、私は、それをみるたび、心の底から、笑わずにいられない。

しかし、彼女でもっと素敵なのは、第二幕でマスクをつけて登場して以後である。マスクでもって、少し猫みたいにひっこみすぎた両眼の凹みが隠され、顔の下半分だけが見えるようになると、彼女は美人になる。特に頬から口もとにかけてと顎の線が美しい。歌も、チャールダーシュにはもう少し力強さがあってもいいかと思うが、そのほかはやっぱりうまい。うまいだけでなく、表情が豊かで、しかも、たっぷり品がある。

ヴェヒターも、このVHDが作られたころ（一九七二年一月―二月）は若かった。声の点で、ミュンヒェン版のようにハラハラしないですむ。ヴィントガッセンのオルロフスキーに至っては、迫力充分――というより、みていて、ゾッとして寒気がするくらい、デモーニッシュなところがあり、ヴィーンのもの憂さを通りこして、スラヴ＝ロシアの底知れぬ野性の荒々しさの一端に通じるものさえ感じさす。さすがに、戦後しばらく、バイロイトのヴァーグナーの楽劇上演の中心的テナーをつとめた人物だけある。

このVHDは一九七二年のヴィーンの国立歌劇場のメンバーによるものだが、実演の収録でなく、スタジオでとったものだ。それに、同じオットー・シェンクの演出といっても、細かな点で、いろいろ違う。しかし、最大の相違は指揮者がカール・ベームである点。クライバーに比べれば、地味で、渋く、ゆっくりしたテンポで音楽が進む。そうして、あの誰もが知っているベーム特有の、ぶっきら棒みたいでいて、コクのある音楽がきける。

クライバーも素敵だし、ミュンヒェンの舞台一面にみなぎる生気、活気はすばらしいけれど、このVHDをとったころのヤノヴィッツとヴェヒターとか、シェンクのフロッシュ以下の歌手にヴィーン・フィルのオーケストラと、演出、ベームの指揮は、実によかった。また、ここにはクンツ、クメント以下のヴィーンのオペラのなつかしい常連の名がずらり並んでいる。こういうものはもう二度と出ないのではないか。

LDとVHDが一体化するのはありがたいが、この種の名盤が「幻の名盤」にならないよう祈らないではいられない。

＊ベーム指揮『こうもり』VHD／JVC-VHM64023〜4（廃盤）

クライバー指揮　ミラノ・スカラ座来日公演の『オテロ』

ミラノ・スカラ座一行の東京公演の第二夜はヴェルディの《オテロ》（二日　NHKホール）。第一に特筆すべきはクライバーの指揮。スカラ専属のオケの驚嘆すべき力量とあわせ、私たち、ステージの下からきこえて来る音楽にほとほと感じ入った。金管の輝かしさ、弦の柔軟さ、バスの迫力。この管弦楽団は「音楽」をやるだけではない。歓呼し、囁きかけ、哄笑し、啜り泣く。怒りに狂いまわり、絶望にのたうち、愛の口づけを交わし、死の口づけを強いる。祈り、憎み、信ずべきを疑い、疑うべきを信じこみ……といった、この劇のほぼすべてを――ドビュッシーを借用すれば――ドレミファの音だけで、表現しつくしてみせるのである。クライバーの指揮では、特に弱音の表情の作り方が印象的だったが、もちろん断乎たるフォルティッシモの痛撃、そのすごいパンチ力も欠けてない。それに彼の指揮姿が観物(みもの)であって、非常にしなやかで、よくのび縮み、縦横に楽々と動きながら、いつも無駄のない的確な、彼の一挙手、一投足は、それだけでも「目に見える音楽」になっていた。ただし、ここには感傷性は一片もない。これもすごい点。たまたま二階に座った私は、演奏中何度もステージの下の「音楽劇」にみとれていた。

ステージの上も見事だった。まず合唱の優秀さ。イタリアはかつてのRAI合唱団が証明したように、合唱の国でもあるのだ。

その合唱の網目をぬってカッシオ（E・D・チェーザレ）のソロがきこえてきた時、私は「テナーのイタリア」に久しぶりに再会した喜びを覚えた。このテナーの味わいはドミンゴのオテロが、さらに高い段階で腹一杯味わわせてくれたのはいうまでもない。「東京のオテロ」といえば、私たちはかつてのデル・モナコを思い出さずにいられないわけだが、モナコに比べ、ドミンゴのは一見地味だが、より細かな心理のひだを反映したものといえようか。S・カローリは大きく逞しいヤーゴ。若々しく張りがあるが、偽善と悪のすごみはいま一つ。この両人に対するA・トモワ＝シントウのデスデモナが、きくものの心に泌み入る清涼剤の如き清純なソプラノをきかせてくれたのも、ことわるまでもないだろう。

ゼフィレッリの演出美術衣裳は、ひたすらこの劇の運命的な性格を強調したもの。従って光は暗く、装置はものものしく重苦しいものが、手をかえ品をかえ、頭上から大きくのしかかってくるよう設計されている。これも一つの考えだろう。だが、私はせめて第一幕後半の愛の二重唱の場ぐらいは、地中海の底知れぬ深さをもつ青い星夜を見たかった。その方があとから来る悲劇との対比になり、全体をより強烈に造型したのではないか。ほかにも、ヤーゴが問題のハンケチを顔にかぶるところ、終幕でのオテロの登場ぶりなど、私にはよくわからぬ動きが二、三あった。特にこのオテロは、驚くほどゆっくりとられたテンポの音楽に合せて、舞台の左の袖から登場し、ステージの前面を横切って、右手から、扉をあけてデスデモナの寝室に入るという具合になっていた。その音楽は劇的効果はすばらしく、この夜最高の瞬間といってもいいくらいのものだった。しかし、舞台の中心がデスデモナの寝室という想定でやっておいて、そのステージの前を、オーケストラ・ピットとの境を歩くというようなことが許されていいのだろうか。つまり、寝室と公衆の間には壁も仕切りもないのだから、ステージの前面はすべて寝室の中でなければならない。そこを歩いて横切り、しかもあとで右の外から戸をあけて寝室に入るということが有り得るはずはない。現実的にも論理的にもおかしい。「効果」のために、ここだけ急に非現実的なやり方にすがるという矛盾に目をつぶるのは、私にはできない。いや、大演出家のすべきことではなかったろう。

それにしても、劇のすべてを密封された牢獄中の出来事のようにしてしまったのは、劇の主題である「嫉妬」が、正に、閉ざされ、自分を現実にあわせて客観視する力を失ってしまった精神の産物であることを象徴化したのだろう。たしかに嫉妬こそ、愛と並んで、人間存在の最も根元的で、最も克服しがたい情熱の一つであることは、私たち少しでもこの世に生きてきた人間なら、みんな、身をもって味わってきたものだ。《オテロ》は見るたびにそれを有無をいわせぬ力で、私たちに再認識させる。何と苦い真実の確認だろう。

クライバー指揮　バイエルン国立管弦楽団演奏会

このところマーラーの嘆き節に食傷気味だったが、カルロス・クライバーとバイエルン国立管弦楽団の演奏会で久しぶり歯ごたえのあるベートーヴェンを味わい、すっきりした（十日・東京文化会館）。彼らのやった第四、第七交響曲は、フルトヴェングラーからベーム、カラヤンのドイツ音楽の流れに根ざしながらも、近ごろよくある平凡な亜流ではない、本物の新しいベートーヴェン像を示していた。

それを一言でいうと、かつての大家たちのロマンティックで悲愴で英雄的なスタイルを避け、しかもベートーヴェンの強烈な人間解放のエートスをたっぷり味わわす演奏である。センティメンタリズムを洗い落とし、躍動する突進力、眩（まぶ）しいまでにひきしまった筋骨性の積極性。テンポは速め。時には目がくらむほどの速さで駆けてゆくが、それは作曲者の指示に忠実な結果だ。だから第七の第二楽章などフルトヴェングラーだとおそくて荘重で瞑想的な哀歌になっていたが、クライバーは原譜のアレグレットを守り通す。リズムの歯切れよさ、フレージングの明確さが音楽の力感を一層充実したものにする。だが彼は管を二本から四本に増やす。もっとも第四ではフリュートとホルンは二本のまま。トランペットは両方とも二本だけ。こうやって音色に明るさ華やかさを与える一方、旋律を吹く時はなるべく独創的に扱い、音色と構造の多層性を浮き彫りにする。第四の第一楽章など、その顕著な例。導入部から主要部へ、主要部の再現など、まるで大輪の牡丹の開くのを見る想い。

ベートーヴェンの交響曲は生まれてから今日までの音楽の歩みの中で、ますます崇高、深刻にやられたり、洗練の対象にされたりしてきたわけだが、クライバーできくと、古楽器を使わず現代式のグランド・スタイルでひかれているのに、この音楽のもって生まれた健康な明るさと力強さ、それが当時の聴衆に与えただろう衝撃と励ましが脈々と伝わってくる。

「楽天的なベートーヴェン像」？　そうかもしれない。だが戦後ずっとある種の違和感をもたれて不思議ではなかったベートーヴェンから、再び生命肯定、何ものをもってしても止められない自由への指向を無理なく引き出すのに成功した点、指揮者クライバーの器量の大きさを物語ってあまりあるというべきだろう。が、個人クライバーは楽天的どころか複雑でむずかしい人柄と見える。聴衆の爆発的歓呼に誘われてやったアンコールは何と『こうもり』序曲！　旧世代だったら『レオノーレ』三番でもやったろうに。しかも強化拡充した編成でやるのだから、当然、曲は『ニュルンベルクのマイスタージンガー』と張り合うくらい鳴りに鳴った。こうして彼は『こうもり』にヴィーン・オペレッタの名作というよりヴァーグナー、ヴェルディと並ぶ作品として照明を当てながら、ベートーヴェン自身だって偉人、楽聖である前にまずシュトラウスと同業者にほかならず、二人は肩を並べて人間賛歌を歌ったのだと、わたしたち聴衆に笑いながら語りかけていた。

（一九八六年五月十四日）

C・クライバー、フリッチャイ、ショルティ、ノイマン、他『名指揮者たちのリハーサル』

LD［東芝EMI TOLW3751〜4］

『名指揮者たちのリハーサル』は四枚組のLDだが、興味深いものだった。タイトルは、ただし、内容を完全に正しく伝えてはおらず、これはリハーサルだけでなく、本番も入っているのである。リハーサルの時の光景、その人間的音楽的内容も実におもしろいものだが、しかし、そうやってこまかな——それこそ、時には、爪のアカまでほじくり出すようにこまかく検討しながら、練習の成果を積み上げていったあと、本番に臨む。そうすると、その努力の結果がどういう実を結ぶところまでいったか。これこそ、厳しい練習にまさるとも劣らない重要なことである。何といったって、大方の聴衆が「演奏」にふれ、音楽的体験をするのは、ほかでもない、その「本番」においてなのだから。そうして、このLDには「本番」も入っている。それなのに、タイトルには「リハーサル」としか出ていないのはどういうわけだろう？　私にはわからない。「練習と本番」では長すぎるからかしら？　英語ではGreat Conductors in Rehearsalとなっているようだが、そうだとすると、この英語のタイトルのつけ方からして、私はおかしいと思う。

以上、はじめから文句をつけた形になって、自分でも、少々意外に思っているところだが、題はともかく、内容はすごくおもしろい。こんなにみておもしろく、きいておもしろいものは、あんまり類がない。それに、みたおもしろさときくおもしろさの合わさった結果として、いろいろと考えさせられずにいられなくなる。

ここに登場するのは、カルロス・クライバー（《こうもり》序曲と《魔弾の射手》の序曲）、フリッチャイ（《モルダウ》）、ショルティ（《タンホイザー》序曲と《ハンガリー行進曲》）、シェールヘン（《ウエリントンの勝利》という、お目にかかる機会のめったにないもの）、それからノイマン（《売られた花嫁》序曲と《レオノーレ》序曲第三番）である。一方、オーケストラの方は南ドイツ放送交響楽団（現在シュトゥットガルト放送交響楽団）で、これは全部を通じて、ずっと変らない。

その変らない、たっぷり経験を積んで、いずれ劣らず腕に覚えのある、気質も能力もいろいろと違う音楽家たちを相手に、これまた一癖も二癖もある指揮者が、自分のもつ、その曲に対する「イメージ」、「音楽的内容」を何とかして演奏によって「音」にしようと奮闘努力する。その記録が、このＬＤになっているわけだ。

これをみていると、指揮者というものは、自分自身は一つも音を出さないでいて、身ぶりと眼つき（顔の表情）と言葉とでもって、元来は違う考えをもっているかもしれない――いや、そういう場合の方が、自分と同じ考えであることより、ずっとずっと多いにきまっている――楽員たちに音を出させるという結果にまで持ってゆくことを仕事とする「演技者」、つまりは「actor 俳優」であるということを、このＬＤははっきり、克明に、記録し、伝えているのである。

もともと指揮者たちの望みというのは、たいていの場合、楽員たちが普通の状態でひいているのでは満たすことのできないものである。そのため、どんな指揮者だって、オケに鳴らさせてみて、まず最初の小節から、気に入らないのが普通らしいのだ。しかしまた、指揮者の方でも、楽員たちにどう評価されるのか、バカにされはしないか、それとも喜んで演奏する気になっているのかなどなど、その心配もつきまとっているだろう。

その中で、ああでもない、こうでもない、こうしてほしい、ああしてほしいと註文をつけながら、時には何回となく、やり直させる。たまに、少し順調に進んで楽員たちが良い気持になってひき続けようとすると、突然待ったをかけ、そこはこうでなければいけないと、違ったひき方を要求する。その時、ムッとした楽員の気分をほぐそうとして、妙な冗談を口にして、ますますみんなの気持を害してしまう指揮者もいる。その間の両者の気持の動き、場合によってはチグハグな食い違いも、このＬＤはよくとらえている。

だが、指揮者は、そういうやりとり――時には言葉のない喧嘩を重ねながらも――何とかして、楽員たちから、一〇〇％の力を出しつくし、ふだんの演奏とは見違えるような高い水準の、内容の濃い演奏をするところまで持ってゆきたいと考えずにいられない人間なのだ。

指揮者を迎えての交響楽団の演奏というものはもう、完全に、個人対集団、あるいは個人対多数の個人のグループとの間で行われる、「劇」なのである。

平均的にいえば、私たち聴衆は、ふだんは、こういった「劇の一部」にしか接してないのだといってもいいくらいなのである。

「平均的にいえば」とわざわざことわったのは、ごく例外的なケースとして、こうやって幕をあける前の舞台で、練習という名における心理的緊張、物理的葛藤をさんざん重ねたあとで、「ついに幕が上って、舞台の上で演じられた劇」である「本番」では、時には、練習でいくらやってもうまくいかなかった個所が、誰の仕業ともいえないようなハズミで、パッとうまくいってしまうこともなくはないからである。私のような、外側から、みていることしかやって来なかったものにさえ、そういう事態にぶつかった経験がある。それと逆に、練習の時はうまくいったのに、本番になって、魔がさしたように、楽器の入りがおくれてしまったり、管楽器の音がひっくりかえってしまったりすることもなくはない。

このＬＤを見ながらきいていても、あんなに練習したのに、本番ではうまくいかなかったとか、その逆とかの例にも、ぶつかる。これは、「運命の神様のいたずら」としかいえないようなものかもしれない。

ところで、指揮者のリハーサルと本番をとったＬＤといえば、いつだったか《The Art of Conducting. Great Conductors of the Past》というＬＤがあった（Ｔ－ＷＰＬＳ４０

09)。ごらんになった方も多かろう。あれはトーマス・ビーチャムから始まってトスカニーニ、フルトヴェングラー、クレンペラー、ワルター、バーンスタイン、カラヤンらに至るまでの、文字通り今世紀を飾る大指揮者たちの姿を記録したもので、私はこれからも強烈な印象を与えられたものだった。残念ながら、あれは、今度のLDに比べて、リハーサルにせよ、本番の光景にせよ、一つ一つの時間はもっとずっと短かく断片的でしかなく、じっくり味わうにはほど遠いものではあったが、何しろ、今世紀の大物がつぎつぎに登場するので、たとえ数分間にすぎなくとも、一目みても長い間後味が残るようなものではあった。

今度のクライバー、フリッチャイらをみていて、自然と、前にみたトスカニーニたちの姿が目の前に浮んできたのだったが、それと同時に、考えたことの一つは、まず、かつての「大指揮者たち」と、今度の「名指揮者たち」との間には一つの大きな溝があるという事実だ。

今回の「名指揮者たち」は、楽員たちに曲について「自分の抱くイメージ」「自分の感じ方」を伝達し、それを「音」にしてもらうために、懸命の努力をしている。身ぶりで、目の光り、顔の向け方で、そうして、言葉によって。それも、「この曲は、このフレーズはこういう性格のものだから」といった説明から、この音は弓をこうもって出す、「このフレーズでは弓をこう動かして」といった類いの技術的で具体的な指示をする人もあって、実にいろいろだが、とにかく、指揮者たちは楽員の「心を動かして」「本当にひく気を起させ」、「ふだんできなかったようなことまでやってのけさせるようにする」ため、全力を尽す。できれば説得して、楽員たちに「自発的にひかせたい」のだが、なかなかそうならないとすると、おだてたり、すかしたりして、心理作戦の限りをつくす。

それが、私のような「傍観者」の心をゆさぶるといってもいいし、このLDのおもしろさの一半はそこにある。

ところが、トスカニーニ、フルトヴェングラーたちは、このショルティやフリッチャイたちの苦労を「ほとんど」必要としないところから出発したのだった。それというのも、トスカニーニたちには身体を動かしたり、言葉を出したりする前にすでに、「権威」Prestigeというものがあって、彼らが楽員の間をかきわけて、ステージ前方の指揮台に上る前から、いってみれば、「その背中から後光が射していた」というのだった。その彼らがもっているAula（光背）が彼らの指揮を「演技」というのとは根本的に違うところから出発さす前提条件として、すでに出来上っていたのである。

彼らのは「演技」ではない。ビーチャムは長老として、ただ立って、棒をふるだけ。彼は大体において、「結構、結構」というためにそこに来たようなものだ（私は誇張していっているのだが、本質は間違っていないと信じる）。トスカニーニが、「そこは違う！」と怒鳴っても、誰もそれを「独裁者の一喝」と受けとらない。叱られたら、楽員の方が間違っているにきまっているのだ。フルトヴェングラーの棒の動きがわからなくとも、誰も不平をいわない。楽員たちは、そこから「音楽を生み出そう」とベストをつくす。R・シュトラウスが、拍子を数えるのさえめんどうくさくなって、チョッキのポケットに片手をつっこんで時計を出し、その蓋をあけて、あと練習時間が何分残っているのか数えてみていても、誰も手ぬきの演奏をしようとは思わない。クレンペラーに至っては「あの大指揮者は音がきれいか、きたないか、そんなことに、神経を使ったことなんか、あんまりなかった」といわれる。

それで、彼らの棒から生れたのはどんな音楽だったか？

「大指揮者」たちのＬＤで、ある人が註釈をつけていた。「人間というものは、ある意味で、みんな孤独なんです。誰だって、自分の殻からは出られないで、悩んだり、苦しんだりしている。そういう時、音楽は『孤独なのは、君だけじゃない。私もそうなんだ。そうして、私は君の隣りに坐って、いっしょに悩んでいるんだ』という。そういうのこそ偉大な音楽じゃないだろうか。」そういう言葉に続いて、画面に、もう立ったまま指揮は続けられなくなったクレンペラーが（ニュー・フィルハーモニア管弦楽団だったかしら？）オーケストラを相手に、長い腕を上げたり下げたりすると、そこから、第九交響曲のあの3度の抜けた「空虚な5度」をバックに、暗い天からいつとはなしに、地上にそっと舞い下りてきたような最初の主題がきこえてくる。この上もなく無骨で、芸も何もないようなクレンペラーなのに、その音楽は、私たちの魂をゆさぶり、心の底の底まで泌み渡る。

第九交響曲が、こんなに孤独な人間の音楽だったなんて、このクレンペラーの指揮にぶつかるまで、かつて、私は考えたこともなかった。こんな心の底が凍りつくような淋しさは、フルトヴェングラーでだって感じたことはない。涯しなく巨大な「第九」。こういう人たちに比べ、今の指揮者はどんな苦労を強いられているか！「大指揮者」と「名指揮者」――こんなレッテルでものごとを考えるのは滑稽だし、不正確だから避けるのが本当なのだが、ここでは便宜的に使うとして、この二種類の指揮者の境界線にカラヤンがいた、と私は、この二種類のＬＤをみて考えないわけにいかない。このことについては、また、ぜひ、機会をつくって、書いてみたいと思う。

以上要するに、この四枚組のＬＤは、近年での最大最上のみもの、ききものだった。

「指揮者がどんどん小粒になる」「大物がいなくなる」といったことを痛感している人は少なくないだろうし、それについて書いたり、語ったりする人も多い。それをただ運命的に観念して、「そういう時代だ」などといっている人には、カラヤンのリハーサル（Ｇ－ＰＯＬＧ９０７０など）を含め、三種類のＬＤをみることは、かけがえのない経験になるはずである。

セルジュ・チェリビダッケ

Sergiu Celibidache

1912-1996

ルーマニア出身

チェリビダッケ　矛盾が矛盾なく共存する

I

チェリビダッケの名は、今や——少なくとも日本では——不思議な背光でもってかざられた人のそれになってしまった。きいて知っている人の数は、ごく限られたものだが、きいたことのない人には、誰一人、その少数の人たちは、その卓越ぶりを否定するのはおろか、疑ってみるのにさえ、特別の勇気がいるくらいの確信と圧倒的な熱気でもって、感激をかいたり、語ったりする。[注]

チェリビダッケは大のレコードぎらいだそうである。スタジオでの録音はもちろん、なまの演奏会の実況録音が、ラジオで放送されるのは仕方がないとして、レコード化されるのも拒絶するのだそうである。演奏を一回限りのものと考え、それが固定され、寸分たがわない形で反復されるのは演奏の真の姿に反すると考えているのだとすれば、その演奏がスタジオでされたものだろうと、演奏会場でのなま演奏であろうと、否定されるべきであるのは原理的には当然だ。

しかし、このことが、チェリビダッケに対する奇妙な偶像化の雰囲気をいっそうたかめる結果になる。これも現代の逆説のひとつといってよいのだろう。レコードは、多くの演奏家にとって音楽ファンにひろく知られ、愛されるための非常に強力な手段になっているのはいまさらいうまでもないことだが、その傾向の極まるところ、こんどは逆に、ある演奏家がレコードを好まず、したがってレコードではきくことができないということが、彼に対する期待をいっそう強め、ききたいという要求を高める。不思議なヴェールにつつまれた音楽家というイメージが生まれ、人気が高まる。

もちろん、これは当のチェリビダッケのあずかり知らぬところだということもできる。彼は、何も演奏をやめてしまい、過去の光栄だけに包まれて生きているというのでなくて、チャンスさえあれば、どこかできくことができるのだから、それにいくらレコードできかれないといったところで、そういう音楽家は彼のほかにもおびただしい数に上っているのであり、その中で特に彼が今日こういう奇妙な人気——それも絶大な「不在者の人気」をかちえたについては、ひとつは、彼の演奏にふれた少数の人たちが、くちぐちに、語る賛辞がいちばんの原動力になっているのは、ことわるまでもない。ただ、私は、こうして彼をほめたたえる人たちにとっても「自分のここにきいたのは、そんじょそこらのレコードでも簡単にきける指揮者とは少し話が違うのだ」という心理が——暗々のうちになりと——働いているのかも知れないと思ったりもするのである。少なくとも、それを読まされるほうの側にとっては、演奏のすばらしさを印象づけられると同時に、「なるほど、そんなすごい指揮者がこれほど情報手段の発達した現代でも、私たちの知らないところにいるのか？」と考える、そのことをきりはなすわけにいかないという事情があるのは争えない事実だろう。

レコードというのもおかしなものである。ソ連のリヒテルのように、いつまでも演奏がきけなかったかわり、レコードは早くから、それもどんどん出だし、さかんにきけるようになり、それがまた彼の人気を高めた末に、ついに実演をきく日がやってきた、という形で、私たちとの接触が深まった人。あるいはグレン・グールドのように「実演はしない。レコード一本でゆく」と宣言しているのもいれば、逆にこのチェリビダッケのような人もいる。またホロヴィッツのように、長い間実演から遠ざかりレコードばかり入れていたのが、ある日を境に、もう一度再起をはかり……その結果……何年かにわたる何回かの演奏会と公開録音があり……それから——結局、彼はどういうことになったのだったっけ？

とにかく、いったんレコードが生まれ、それが社会の中に、周知のような仕方で、組みこまれてしまった以上、私たちの演奏家に対する評価は、単純なレコード賛美によっても、素直なものにはなり得ないのではないだろうか？

レコードを拒絶するというチェリビダッケは、どういう思想の持主なのだろうか？　つまりは、彼の演奏と、このこととは、関連しているに違いないのだが、それはどう出ているのだろうか？

II

そのチェリビダッケの指揮が、何回かNHKのFM放送できこえるようになり、それからレコードさえ出るようになった。実は私は、そういうレコードを何カ月か前にきいた。それはミケランジェーリを独奏者として、チェリビダッケがスウェーデン放送交響楽団を指揮していれたベートーヴェンの第五ピアノ協奏曲のレコードだった。放送からとったレコードだったのだろう。私は、それをきいたのだが、それだけではチェリビダッケがどんなにえらい指揮者なのか、よくわからなかった。ただ、終楽章の終りでたいていの演奏ではジンタみたいになるド・ソ、レ・ソという低音にのったところが品よくいっているのと、第二楽章の始めの静かで充実した歩みがりっぱなのと、この二つが印象に残った程度だった（コロムビア　OP七〇八〇）。

そのチェリビダッケの指揮でロンドン・フィルがひいているチャイコフスキーの第五交響曲のレコードが、先日、レコード会社から、何の案内もなしに、藪から棒にとどいた。

さっそく、きいてみた（ロンドン　MZ五一二〇）。

正直いって、この交響曲は、すごく上手にできた作品だと考えてはいるが、あんまり好んで何度もききかえすという種類の音楽ではないので、たとえばテンポについても、どういうのが目安になるべきか、よくわからない。しかし、チェリビダッケのとっている——正確には、「ここで」というべきか——テンポは、私には超絶的におそくきこえる。第一楽章も、第二楽章も、第三楽章も、第四楽章も。それはもう、たっぷりしたテンポという以上のものであり、「いやが上にも、ゆっくりとったテンポ」とでもいいたくなるようなものである。私たちのこれまでなじみの指揮者でいえば、やはり、フルトヴェングラーがいちばん近い。音楽のつくり方も、そうである。またあるところでは、クナッパーツブッシュを思い出させられるようなところもある。

　ということは、まず音楽の感じ方が、情緒的に非常に深刻であり、濃厚であるということだ。たっぷりしたテンポをとっているので、少し動かしても、そこに、かなり強い表現的変化が生まれる。基本のテンポから速いテンポまでの間隔が大きいので、その間に、幾段階にもわたっての変化を生みだす余地があるということになり、それを、チェリビダッケは惜しみなく駆使して音楽をつくりあげる。それが一種の陶酔的な強烈な効果を考えるようなタイプのものだということは、レコードできいてみても、想像はつく。

だが、チェリビダッケの独自性は、こうやって強烈に情緒的な表情をもった音楽をつくる際に、管弦楽の合奏という点では、フリッツ・ライナーとかジョージ・セルとかにも劣らないような、合奏の完璧さを要求しながらである——という点にあるのではなかろうか？　ライナーやセルのような完璧主義者の棒だと、技術的には文字通り一糸乱れぬ、すばらしい合奏が生まれたが、情緒的には、てんめんたるものからは遠かった。また、クナッパーツブッシュやフルトヴェングラー流の指揮だと、音楽の表情の与える効果は強烈深刻だったが、合奏には乱れが生じやすかった。

こういうことは、たとえばピアニストのように自分の思うところが自分でつくる音として直接出てくる場合なら矛盾なくいくわけだ——少なくとも、理屈の上では。そうして、そういうことのできていた例は、皆無ではない——。ところが、楽器の数が多くなりことに交響管弦楽団のように八十人から百人近い演奏家の合奏ということになると、そうして指揮者は自分ではひとつも音を出さず、すべては他人を通じて音になるほかないということになると、ピアニストのような具合にいかなくなるのはいうまでもないことだ。

まあ、これは図式的にいえばこうなるというところで、現実には、そういう中で、フルトヴェングラーの細かくふるえる指揮の尖端にこめられた音楽の生命は管弦楽の楽員たちに対し、トスカニーニの完璧な棒さばきに劣らず、指揮者の意志を明確に伝えるのに成功したに相違ないのであって、だからこそ、彼の棒の下で、あんなに見事な音楽の火花がちったので、同じ情緒主義的演奏といってもクナッパーツブッシュの棒さばきは、フルトヴェングラーのそれとは、まるで違っていた。フルトヴェングラーの棒が霊感的暗示的で神秘的にふるえていたとすれば、クナッパーツブッシュのはまるで丸太棒みたいに太く確乎として、つき出されたり、動かないでいたりしたものだ。

だから、フルトヴェングラーの音楽とセルの技術をあわせた行き方というと、まるでレコード会社の太鼓持ち的宣伝文句になりきってしまうけれども、チェリビダッケが理想として描いているものの中に、私は、この技術的完璧をおいもとめる強靭な意志と、音楽を深刻に、――いわばドストエフスキー的深刻さで――感じる性質とが共存しているようにこの一枚のレコードをきいて思ったのである。多分第一

楽章の第二主題にあたるふしと思われるものを、ひとつだけ、あげておこうか［譜例］。

いや、こういっては、本当に正直ではない。このレコードをきいていて、これをはさんでその前後の歌わせ方が、私の耳に特別はっきりと響いてきて、以来これを書いている今もはなれないのである。とくに、テンポの動かし方。というのは、このふしに入る前、同じ動きが三回――たしか――くりかえされるのだが、その間くりかえすたびにテンポが徐々におそめられ、音量もおとされる、その具合、それから、このふし自体の歌わせ方――それは、すでに、三拍子の、崩れたワルツの表情になっているのだが――。それから、そのあと、また次第に音楽がクレッシェンドしてゆくそのもって行き方。

これは、実に細密に段階づけられていて――しかも、セルたちと違って、感情の力学的要求に呼応してそうなるというよりも、むしろ、まるで、十九世紀の音楽家でもあるかのように――私が、こういうのは、チェリビダッケがそうでないからだ。間違わないでほしい――自然発生的に感情の流れにそってそうなってゆくのをとどめがたいという、一種の感情の即興性が生きているのである。

この感情の即興性の赴くがままに音楽をしているようでいて——その典型がクナッパーツブッシュだ——しかも合奏の完璧への要求にあらわれているような、気ままな主観性の発揮への拒絶、いや抵抗。この二つの矛盾したものが、矛盾でなく共存している点、そこにチェリビダッケの芸術がある——と、このたった一枚のレコードをきいて、私は思ったのである。

今気がついたのだがこれは、さっき私のひいた例より、むしろ第五交響曲の冒頭にある《運命のモチーフ》の演奏にすでにあきらかに出ているといったほうがよかったのかも知れない。ここでクラリネットの響きのうつろな表情には、端的に胸をつくものがある。

もし、それが、実演できいてみて、これだけの深さできくものに迫ってくるのだったら、チェリビダッケは、単に情緒的に強烈な表情をするというだけでなく、それ以上の何かをさえもっているかも知れない。

その何か。フルトヴェングラーは、それをもっていた。それを、ちょっと耳なれない言葉かも知れないが、私は一種の哲学的感情と呼びたいのである。私のいいたいもの、それは個人的な、そうして一時的な、したがって、いつも変わってゆくのが本性であるところの情緒の域をこえて、もっと恒常的であり、普遍的であり、超個人的であるものだが、そのことについては、ここでこれ以上書くことはできない。とにかく、チェリビダッケの特性については、私は以上のように思った。

その上で、彼が本当に一時の歴史を超えた大きな存在であるのかどうかは、いまふれた最後の点で、どういう答えが出るかにあるというのが私の考えである。

実演をきかず、たった一枚のレコードをきいただけでは、私には、これ以上はわからない。欲をいえば、やっぱり、ベートーヴェンか、あるいはブラームス、ブルックナーといったところで、じっくりきいてみたい。それは私に宿題とした残ったものが、チェリビダッケの感情の質の如何（いかん）だからである。

注　これを書いたころと違い、このごろは、しかし、実演をきいた人の数もふえ、それに応じて評価も多様化してきた。

チェリビダッケ　フランス管弦楽作品集

シュトゥットガルト放送交響楽団

　チェリビダッケが読売日本交響楽団を指揮しに日本に来たのは何年のことだったかしら。その時のプログラムにメンデルスゾーンの『真夏の夜の夢』の序曲があったはずである。

　私は、序曲の初めにおかれた四つの和音の響きのことは今も忘れられない。それは「きれいな音」という以上に、まるで「水晶の純粋に透き通った姿」とでも言いたくなるように、三和音を形作る三つの音がそれぞれみんな磨きのかかった澄んだ音であって、しかも、より集まって出来た和音の響きとしての充実感のたっぷりとしているくせに、全体として、まるで宙に浮いた真珠の球とでもいった軽やかさなのだ。

正直言うと、私はその初めの和音の美しさの印象が桁外れに強く残っていて、あとのことはあんまりよく覚えていない。不正確を覚悟の上でいえば、あの時チェリビダッケは、リハーサルをしたといっても、最初の和音のこと、それぞれの音の音程、音質、強さ、全体のバランスといったものを満足がいくまで何回でもやらせて、それだけで、与えられた時間の非常に多くを使いきってしまったのではないか?という気がしてならないのである。

そうそう、それから、その和音の響きの美しさに劣らず、その音の小さかったことも忘れられない。そのあとの「ノクターン」でのホルンがどこかずっと遠くで鳴っていて、同じステージから聞こえてくるものではないみたいな気がするくらいだったのと並んで甲乙つけがたい深く強い印象を与えた。つまり、あれはオーケストラのたくさんの音の間で、いろんな距離感があったというか、音楽の作り出す「空間」の奥行きの深さとでもいったものをきき手に強烈に知覚さす「音づくり」だった。

そのあと、チェリビダッケは二度ともう読売をふりに来なかったのかしら? 私はもう記憶がない。私が覚えているのは、ずっとあとになって、彼が、ミュンヒェン・フィルハーモニーといっしょに来て、ブルックナーの『七番』と『八番』交響曲をやっていった時のことである。すごくゆっくりしたテンポで、『八番』は言うまでもないが、『七番』だって、ずいぶん長かった。

今では、チェリビダッケといえば——少なくとも日本では——何といってもブルックナーがいちばん高く評価されていて、ブルックナーをふらせたら、当代並ぶものがない大指揮者ということになっている。しかし、私はいまかいた、あの『真夏の夜の夢』の最初の音づくりをきいて、最も強烈な感銘を受けたためというわけでもないと思うが、チェリビダッケといえば、むしろ、あんまり動かない音楽、あるいは「和音のたっぷりした響き」の中で、まるで温泉にでもつかっているみたいな快さ、ある場合は恍惚感を与えてくれる人という印象がデンと居坐っている。

だから、今度、彼がかつてシュトゥットガルト放送交響楽団を指揮したドビュッシーとラヴェルの曲のセットが出たのを幸い、それをきいてみたのだが、とても楽しかった。

チェリビダッケのＣＤで何を一番推薦しますか?ときかれたら、私はこの「フランス管弦楽作品集」のセットをあげるだろう。フランスものをやったら、シュトゥットガルト放送交響楽団の音はフランスのオーケストラに劣るなどというのは俗論でとるにたりない。フランスのオーケストラだから、いつもドビュッシーやラヴェルがうまいというわけではなく、ほかの国のオーケストラにはフランスものはやれないというのでも絶対にない。

それに、チェリビダッケの指揮ともなると、何をやったってチェリビダッケ一流の芸風に染まったものにならざるをえない。万一、相手のオーケストラがそうならなかったら、彼は二度とふりたがらないにきまっている。

このCDのセットにはドビュッシーでは『夜想曲』と『海』と『イベリア』が入っているし、ラヴェルでは『道化師の朝の歌』『スペイン狂詩曲』『ラ・ヴァルス』『ダフニスとクロエ』第二組曲、『クープランの墓』が入っている。

その中で、私は、まだ、一度きいただけで、もっとききこむと、もっとよくわかってくるのかもしれないが、今のところでいうと、概してラヴェルのほうがおもしろいのではないかと思う。少なくとも、ラヴェルの幾つかの曲ではチェリビダッケ以外の誰もやらないし、やれるはずもないような演奏がきかれる。

音がきれいで、響きが充実していて、木管金管（弦が少し劣るかな？）のどのセクションでもおもしろい音楽が聞こえる。それにテンポもすごく独特だ。それに劣らず旋律の歌わせ方の上でも、この人の独特の粘り、テンポ・ルバート、リズムのとり方などがあって、しばしばびっくりさせられる。そうして、ある瞬間には、思わず、「唸ってしまう」。

『クープランの墓』のように、全体として音が薄くて、線的な流れが主体のようでいるくせに、平行5度とか9度とかが頻りと出てきたりする和声でかかれている曲になると、チェリビダッケのとるテンポが、例によって、普通私たちのききなれたテンポよりずっとおそいので、音の粒の一つひとつが手にとって眺められるような気さえする。ここではその一つひとつの音がそれぞれおもしろくきかれる。でも、やっぱりすごく変った演奏。

第一曲の「前奏曲」なんか、どのフレーズもできるだけ平明平淡に、あんまり表情をつけず、淡白にひかれるので、——それにテンポもおそいし——舞曲というより、「響きだけの音楽」をきいているような気がする。第二曲の「フォルラーヌ」など、アレグレットというが、ズボンのバンドを少しゆるくしすぎたというか、平べったくて何ごとも起らない。ところが、第三曲の「メヌエット」はアレグロ・モデラートという指定がついているが、極めて快適な滑るようなテンポで運ばれる上に、トリオでは大きなクレッシェンドがあってハッとさせられる。そこから、もとのテンポで、快適に――だが、わざとらしい「生き生きした表情」をつけるようなことは一切しないで――前進するといった具合である。

要するに、ボーイ以下、先方はすごく礼儀正しいが鷹揚に構えていて、ニコリともせず、時間はかかるし、サーヴィスらしきサーヴィスはあんまりしてくれないレストランに入ったようなもの。しかし、料理が来てみると、これがおいしいのである。だから、また来ようかという気になる。少なくとも、こういうレストランはほかにざらにないことはたしかである。

『道化師の朝の歌』をきくと、出だしは普通のテンポで始まる。しかし出てくる楽器たちはみんな一筋縄でない芸達者らしく、何というか、あんまり粘らず一人ひとりがハッキリ聞こえるようにパッパッと歯切れよく、きかせる。撥弦楽器に似せたという以上の鮮明な音の連続である。このあとでファゴットのソロのあの恋人にきかせる朝の歌が吹かれるわけだが、これはまずひどくおそく始まり、変にモッタイ

［譜例］

ぶって、ながながとやる。まだベッドに入っている恋人の窓の下で、うっかり起してしまってはいけないと遠慮しているのか、それとも、もう一度寝るようすすめて子守歌でも歌うつもりなのか。

だが、その歌が次第に消えるように小さくなってゆく時の、オーケストラの音の洒落た手際の良さ！　好みに合うかどうかは別として、こんなオーバードはきいたことがない。やっぱり一筋縄ではいかない人である。

『スペイン狂詩曲』の出だしは、きく前から予想がつく。小さな音とゆったりしたテンポで始まり、そうして終る。その間、何度かの音楽の起伏はあるが、全体としては*pp*を主体とした「très espress.（極めてエスプレッシーヴォ）」の音楽。遠くから聞こえる物音を夢見心地でうっとり耳にしている時の恍惚感の快さ。第二曲「マラゲーニャ」の中の木管とホルンを増5度に重ねた音階の遊びとか、トランペット・ソロ、そのあとで出てくるホルンのソロ（en rècit. très libre de mesure＝レチタティーヴォ風に、極めて自由な拍節で）など、みんな、うまくて、楽しい音楽でいっぱいである［前ページ譜例］。

どこをとっても、どの部分でも、極めてデリケートなソフトなタッチの音楽がきかれる。この曲ではよく——特に終楽章で——お祭り騒ぎというかドンチャン騒ぎに陥りやすいのだが、さすがにチェリビダッケともなると、極度のデリケートさで抑制管理された知的な磨きのかかった音の動きがきかれる。もちろん最後は*fff*のトゥッティで終るのだが、しかし、それも、手放しの最強音という趣きとは少々違う。「音楽」はあくまでも、作曲家（指揮者）の明徹なコントロールの下にある。

これが、チェリビダッケのラヴェルの基本的な姿勢ではあるまいか。

『ダフニスとクロエ』第二組曲の第一部は、短い導入のあと、上のほうこそラヴェルのよくやる細かな刺繡みたいな木管の縁どりになっているが、そのうちまるでドイツ音楽みたいな荘重な歩みでもって低音の主題が次第に姿を現す。夜明けの陽光の先どりの光線かと思っているうち、フルートがそれをひきつぎ、やがてオーボエとハープの重なったひとふしの調べがあって、また最初の主題に戻る。

この曲はまあ、こういった構造になっているといってよかろうが、この上のほうの細やかな音の流れと、低音のゆったりした歩みの組合せは、チェリビダッケにとっては得意中の得意の一つであるかのように聞こえてくる。充実した音の流れで、実にききごたえがある。おそいくせに、細部ではあんまり粘らず、淡々と扱われているのである。その呼吸が何ともいえずよい。

これこそは幅と深みのある、つまりは「大きさ」のある音楽ということだろう。そういう中で、何か特定の楽器のソロでふしが奏される時は、——さっきの『道化師の朝の歌』できいた歌みたいに——テンポがずいぶん大きく変えられ、思い切っておそくなったり、はやくなったりする。その歌わせ方は、、ずいぶん癖のあるものである。そういう時、チェリビダッケは、楽員に、「これはレチタティーヴォ風に……」などといいながら、吹かせてみせては、「いや、それでは〈道化師の歌〉にも、スペインの歌にもならない。ここは、こんなふうだ」といって、歌ってみせたりするのではあるまいか。

きいていて、私には、彼の顔が見え、彼の声が聞こえてくるような気がする。間違っているかもしれないが、そんなことは問題ではない。私の言いたいのは、チェリビダッケの指揮では、どうしたって、演奏家たちの前に指揮者の姿が立ちはだかってくるということである。

これは良し悪しの問題ではないだろう。しかし、こういう指揮者の仕事ぶりと考え合せてみて、彼のブルックナーが誰よりよいと主張するには、彼流のブルックナーの良さを積極的に指摘する必要がある。私としては、まだペンディング。ブルックナーで音楽が進まず立ち停まってしまうという点が、どういうことか、よくわからないのである。

それはともかく、この人はオーケストラを相手に、音のバランスをとり、響きを築き上げるといった点では名手である上に、歌わせ方でも独特、ほかの誰とも違う。感性的にも並々ならぬ冴えがある。この二つの点で、ドビュッシーやラヴェルなどの近代フランス音楽を扱うのにうってつけの指揮者といわなければなるまい。

チェリビダッケ、それからゲルバー

1

チェリビダッケ指揮の音楽会から帰ってくると、水族館にでも行ってきたような気がする。

私たちの目の前を、水槽に入れられたさまざまの魚や小動物たちが、行ったり来たりしていた。小さな岩とか砂とかの上に、腹をつけたまま、いつまで見ていても、じっと動かないでいるのもいた。私たちは、その姿を、ガラス窟を通じて、眺めていたわけだが、そうやってみると、いままで、何度も見たことがあって、すっかりなじみなつもりでいた魚たちでさえ、何かかにか、目新しく、珍しく、時には、奇妙にさえ、見えてくることを発見する。

おもしろいといえば、おもしろい。自然の造化というものは、実に不思議なものをつくりだすと思って、感心さえさせられる。私たちは、自然を、あらためて、眺め直すことを教えられる。

しかし、そこにはまた、何か白々しく、まがいものめいたものを食べさせられたような味わいが、舌の上に残る。私たちの目の前にいたのは、正真正銘の海の生物たちにちがいないのだが、何かが、多すぎるか、あるいは何かが少なすぎた。彼らは、本当の海や湖や川の中にいる時も、あんなにゆっくり泳いだり、一箇所に止まっているのだろうか、という気が——あとで——してくる。

私は、一九八〇年四月のある日、東京上野の文化会館で、チェリビダッケがロンドン交響楽団を指揮する演奏会をきいた。

はじめに、ティペット作曲の《真夏の結婚》というオペラの中の〈典礼の舞曲〉があったが、それは長くて、くどいばかりで、あんまり楽しめなかった。プログラムをみた時は、何となく、シェークスピアの《真夏の夜の夢》を思い、あの中での結婚のシーンにつけたメンデルスゾーンの音楽を連想してしまったが、それがきっと悪かったのだろう。音楽がはじまると、勝手がちがうので、当然のこととは思いながらも、それでもこれは、どんなオペラのどんなシーンにつけられた音楽なのだろうと、プログラムをあちこち開けてみたが、要領を得ないので、あきらめた。あとで帰りの電車の中で、もう一度ゆっくり読んでみた。それによって、音楽上の構成の大ざっぱな点は、教えてもらったが、音楽は、やっぱり、ピンと来なかった。

音楽が、何かの描写として書かれている必要は必ずしもないのだけれど、私たち日本の聴衆としては、はじめてお目にかかる音楽の場合、まして、日本ではかつてやられたことがないだけでなく、これから先も、いつやられるかわからないようなオペラの一部として書かれている場合、もう少し、ていねいに説明してある方が良いのではないか。標題音楽的に書かれたものかどうかだって、そのプログラムでわからなければ、判断の仕様がない。とにかく〈典礼組曲〉と呼ばれているうえに、その各部について、うしろの解説では〈秋の大地〉とか〈冬の海〉とかタイトルだけはあげてあるのだから、それなりに、オペラ全体の筋とのかかわりあいが知りたくなる。

この夜のプログラムについては、このほかにも考えがあるが、それは、あとにする。

それにしても、これは、特にチェリビダッケのような音楽のつくり方をする場合、一段と切実さを加える問題のような気がする。というのも、この人は、音楽の中の、ある種の性質を特別重視し――彼にいわせれば、「私は音楽の全体、隅から隅までを、同じくらい重要視し、ほかの人のように、誰の目にもつきやすい表面だけをつくろい、ほかの部分をないがしろにするのではない」ということになるかもしれないが――その結果、ききなれた曲でさえ、ずいぶんちがって響くような演奏をする人であり、それだけ、はじめてきく曲については、あとで別の人できいたら、「何だ、こういうことだったのか」と思うにきまっているのだから。たとえば、テンポ一つとってみても、チェリビダッケのが、どのくらい、一般的なものか……。

こういうことは、つぎにとりあげられたドビュッシーの《映像》の中の〈イベリア〉にも、もちろん、あてはまる。これは、おそい、とてもおそい演奏だった。それにテンポだけでなく、ダイナミックもまことに独特で、全体が*p*から*pp*、*ppp*と、弱音の領域にぐっと片よっている。それだけに、第二曲の〈夜の香り〉など、本当に、イベリアの夜というよりも、もっと遠くて未知の国を夢みるような演奏だった。その夢の望遠鏡に映ってくる何物か、形はわからないけれど、香りだけで伝わってくるものの気配を伝達するものとして、まさに、比類をみない音楽になっていた。それこそ目をつむって、音の香りと音の感触だけを味わっているような気持ちにひき入れられる演奏だった。

チェリビダッケの目ざしている演奏の重点は、音楽のテクスチュアを形成している、横糸の声部の一つ一つをていねいに追いながら、それを個別的に提出するのでなくて、それら幾つもの横糸同士がつくりだすポリフォニーを、完全に、きかせる点にあるのではないだろうか。

ドビュッシーをきいていて、各楽器の間の線が、おたがいにもつれあい、呼応しあい、とけあい、また離れてゆく有り様を、こんなに鮮やかに感じさせられたのは、少なくとも、私には、はじめての経験である。

その意味で、おもしろかった。ある時は、酔わされさえした。

だが、チェリビダッケからのプレゼントは、反面、何かがその陰にかくれ、犠牲となることによって、成立する。

ドビュッシーでいえば、ここでもやはり、まず、テンポが犠牲になる。音楽は、ほとんど流れず、まるで点描主義の音楽にでもなったかのよう。前進は局部から局部へ跳びうつることによって、辛うじて保証されるにすぎない。そのかわり、局部の中での、音たちの動き、うごめきは、顕微鏡にかけて見ているような気がするくらい、微細をきわめる。これでは、とても、速く歩けないどころか、「動く」ということ自体の意味も変わらざるをえない。そのために、ダイナミックも、変質する。音の一つ一つについて、響きのそれぞれについての、ダイナミックはあるのだが、音楽の流れの中からおのずと生まれてくるダイナミックは、全くないわけではないけれど、極めて、微量なところまで、切り縮められてしまう。

ドビュッシーが、触感と香りの音楽として断然、独特だったとすれば、つぎのムソルグスキー／ラヴェルの《展覧会の絵》は、色彩の音楽、それもドイツやロシアの表現派の絵画でも見るような、強烈な量感をともなった色彩の音楽として、断固、自己を主張しているものになっていた。

このことは、導入のプロムナードの音楽からしてそうで、このナンバーがあまりにもゆったりとしたテンポで威風堂々たるファンファーレになっていたので、私はチェリビダッケ王国の国歌が吹奏されるのをきいているような気持ちになった。「こうして、座ったまま、きいてもいいかしら?」と、私はつい独り言をいいたくなったくらいである。

チェリビダッケも、いつもは、あんなに*p*、*pp*の音楽をやっているけれど、あれで相当の独裁者的指揮者であるだけでなく、大がかりな儀仗隊による、吹奏楽が好きなのだろう。そのうえ、《展覧会の絵》の中の、気味の悪いカタコンブの音楽であるとか、迫真的なユダヤ人同士のおしゃべりの演奏をきいていると、一見、この指揮者が、いかにも禅に興味をもちそうな精神主義者のようでいて、当世風の「劇画」的センスも豊富に持ち合わせている人物であることがよくわかる。

要するに、この人は、当代、二人とないような独自性をもった人物であり、ご当人も、それを完全に自覚し、その独自性の看板にますます磨きをかけるべく、精進を怠らない精神の持ち主なのだ。

私は、その彼の「芸」は楽しみ、また、時には説得されることもある。よくぞ、ここまで徹底したと、敬意を表したくさえなるのも、事実である。

だが、こういう演奏を、そういつもききたいとは思わない。同じように、かりに、私がオケの楽員だったら、彼の棒を、一度は経験してみたいと思うだろうが、そう始終きてもらって、その下で演奏したいとは考えないだろう。

ある人が神様みたいに称(たた)え、ある人が蛇蝎のように嫌うのも、わからなくはない。

2

同じ四月、私はブルーノ゠レオナルド・ゲルバーのピアノ独奏会をきいた。その数日前にも都響の定期で、彼がブラームスの《第一ピアノ協奏曲》のソロをひいているのをきいた。ゲルバーも変わった。前まえから、彼は、人並みはずれて、鋭敏な直覚力をもつ、強い感受性の持ち主だったが、それでいて、演奏は主観をあまり表面に出さない、内と外の均衡のとれた――お望みなら「古典性」の豊かな――演奏をする点が、魅力の一つだった。

ところが、今度きいてみると、これまで自分のなかの抑えに抑えていた何かが、堰をきって流れ出てくる、それも時には、奔流のような勢いで、渦を巻いてどっと流れ出してくるようなところのある演奏になった。「デモーニッシュ」な芸術に大きく傾いてきたのが、わかる。

独奏会では、プロの最初にブラームスの《ワルツ集》がおかれていたが、これはもう、ワルツなどという代物ではない。荒々しく噴き上げる火のような音楽とか、絶望の瀬戸際に立っている黒の音楽とか、たとえ、その一曲一曲は長いものではなくとも、表現されたものの強さと、幅の広い多様さとにおいて、驚くほど豊かで、大きな音楽になっていた。特に、音楽が進んでいって最後から三つ目、第十四番の嬰ト短調、それからつぎの変イ長調、ついで十六曲目の結びの曲と、この三曲の演奏は、それぞれが全く別の意味ですごかった。嬰ト短調のは、チャルダッシュというのか、奔放な、火のような音楽としてひかれる。すごい迫力である。いつも3度とか6度の重音をもった右手の旋律の動きに対し、左手の、大きく跳躍する分散和音の踏みならすアクセントが、こわいほどきつい対照をつくっている。そのつぎのは、知らない人のない、変イ長調の、夢のように甘い――しかし、素朴な味わいを忘れない――ワルツだが、ゲルバーのは、柔らかいけれど、甘くない。「もう少し甘味があっても悪くないだろう」という気がしてくるくらい、サロン的雰囲気を拒絶した演奏であった。そうして、そのつぎにくる、あれはたしか嬰ハ短調のフィナーレ。これが、また、最初の楽節を終えて、中声部にうたが出てくるあたりから、実にこまやかなニュアンスの音楽になる。そうして、最後の、高声と中声の両方にふしが出て、二重唱になるころは、かえって、何ともいえぬ孤独感と、そこから出ようと憧れるものとが、いわば言わず語らずのうちに滲みでてくるとでもいった演奏になる。私は、きいていて、胸をつかれる思いだった。

こういうブラームスの《ワルツ》を、私はきいたことがない。独奏会のプロをみた時、最初にワルツをもってきて、どうするのか？　とやや不審な気がしたのだが、こういう演奏できくと、「ワルツ」といっても、これは、ショパンの《前奏曲》とか、あるいは《マズルカ》とかと並べても不思議ではないと考えたくなる。

そのあとのベートーヴェンの作品八一のａの《告別ソナタ》も良かったが、休憩のあとのショパンの《第二番ソナタ》、例の〈葬送行進曲〉のついた方のソナタが、また、怖いような演奏だった。ことに音楽が、静かな内向的な姿勢に変わってからの部分がすごい。第一楽章の第二主題の楽段とか、葬送行進曲でいえば、トリオの部分とか。トリオのように、きこえるかきこえないかというほど小さくなり、音をきくというより、音の影を見ているような時とか、あるいは、第一楽章の時のように、歌うといっても声なく立ちすくんでいるような時とか、こうなると、同じく、テンポが極度におそくなるとか、全体が*p*、*pp*の領域に片よるとかいっても、そこから生まれてくる音楽が、チェリビダッケのような人と、ゲルバーのような人との間では、非常にちがうのを感じないわけにいかなくなる。一方は構成であり、一方は表現なのである。

その葬送のあとのフィナーレが、やはり、音楽というより、音楽についての一つの幻（ヴィジョン）のようにひかれたのも、いうまでもないだろう。本当に奇妙なソナタである。

プログラムに載った三曲が、三曲とも、ただならぬものを伝えるメッセージのようにきこえてくる、異常な音楽会だった。

ただ、音楽というもの、音楽家というものは、私などには完全につかまえられないような、何かをもっている。こういう、ただならぬ雰囲気をかもしだし、そういう空気であたりをいっぱいにしたあとで、ピアニストは、アンコールにショパンのホ短調の沈んだ《ノクターン》をひき、それでも拍手がやまないので、今度はスカルラッティの《ソナタ》をひいた。そのスカルラッティの音楽の、みずみずしい躍動と叙情性の融合した響き。これが、それまで続いた恐ろしい音楽のあとで、どんなに明るく輝いていたかは、いくら力説してもしすぎることはないだろう。あんなに、自分で自分の身を切るような、暗い音楽ばかりひいたあとで、どうして、こんなに明るい、陽光に満ちた音楽をやれるのだろう？

ゲルバーには、かつて、ブラームスの《ワルツ集》を入れたレコードがあった。しかし、その演奏を、こんどの来日での彼の演奏とくらべてみると、なんと大きなちがいがあることだろう。あのころは、彼も若かった。そうして、瑞々(みずみず)しいが、同時に、どこから見ても片よったはみ出しのない、抑制のきいた美しい演奏だった。ところが、今はちがう。どうして、こういうことになったのだろうか。

彼の内部で、何が起こったのだろうか。

チェリビダッケの、これまた、普通とちがう演奏ぶりとあわせて、ゲルバーの変化を、時代の流れの上で説明しようとする人もあるようだが、私は、たとえ、外側から巨視的にものを見、ものをいう立場に立てば、そういうことになったとしても、そういう説明の仕方は、本質的なものと関係がないように思う。ゲルバーは世の中の流行にあわせて、自分を変えてゆくようなタイプではない。

3

チェリビダッケとロンドン交響楽団の演奏会のところで、当日売っていたプログラムについての私の不満をのべたので、もう少し補足しておく。私としては、ひさしぶりにプログラムをひろげて読んでみたのだ。

音楽会のプログラムで、いちばん大切なことは、当日演奏される音楽をどう扱うか、それから、演奏家について、どう紹介するかだろう。この点で、当日のプログラムでは、演奏される曲そのものについての説明が極めて簡単なことが特徴になっていた。たとえば、

ティペット／歌劇「真夏の結婚」より〝典礼舞曲〟
Tippet／"Ritual Dances" from〈The Midsummer Marriage〉
ドビュッシー／「映像」より〝イベリア〟
Debussy／"Iberia" from〈Images〉

＊

ブラームス／交響曲第一番ハ短調作品六八

Brahms／Symphony No.1 in C minor, op.68

とあるだけで、ブラームスでは各楽章ごとの発想記号やテンポの指定について一言の記載もないし、〝イベリア〟についても同じである。ティペットのことは前に書いた。他の日も、同様である。

そうして、あとは、プログラムを通じて、藤田由之氏の「チェリビダッケとそのプログラム」という文章のほかに、何の説明もない。この藤田氏のは、それ自体としては、おもしろく、よく書けている。出来の良い小論文と呼ばれるにふさわしい。だが、残念ながら、これだけでは、演奏される曲自体については、あんまりこまかいことはわからない。ことに、各曲の個々の点についての説明は、ほとんどないも同然である。ところが、今度のチェリビダッケの公演は、《イベリア》《展覧会の絵》《マ・メール・ロワ》といった小曲を幾つも組み合わせた組曲的性格のものが中核をなしている。だから、その各小曲について、実質的な説明のほとんどないも同然の文章で、曲目解説を代行さすのは無理だろう。また、もし、これで代行さすつもりだったら、むしろ、前に曲目名をかかげた頁の中で、たとえば、《イベリア》だったら、その下に⑴「街から道から」、⑵「夜の香り」、⑶「祭の日の朝」といったことを日仏両語で印刷しておけば、それでよかったのではあるまいか。いや、むしろ、その方がよかったのではあるまいか。そうして、その時は、ブラームスの《第一交響曲》についても、それが(1)ウン・ポコ・ソステヌート／アレグロ、(2)アンダンテ・ソステヌート、(3)ウン・ポコ・アレグレット・エ・グラツィオーソ、(4)アダージョ／アレグロ・マ・ノン・トロッポの四楽章からなっていることぐらいは書くことになったろう。私は、その方がまだ、ここでの論文のように「ブラームスの交響曲については、あらためて述べるまでもあるまい」といって、あとは、何年に書かれ、いつ、誰に初演されたかだけで、曲自身のことは一口もふれないのよりは、まだしも、聴衆に親切だったのではないかと思う。この曲が、もうみんな、なじみだというのは、私も賛成。だが、楽章の別さえ、プログラムをはじめから終りまで何回みても、一度も出てこないというのは、少し極端ではなかろうか。客はみんな、そらで覚えているのかしら？　ましてや、そのかわりに、「チェリビダッケは、読売日響では《第四交響曲》を指揮したが、真の音楽を生みだすということが、根本的には、いかにそのスコアを完全に読み、そして再現するかということにかかっているということを、彼は、その練習とコンサートとを通じて明らかにしていたように思われる（傍点吉田）。知りつくしたようでわれわれのまだ知らぬブラームスが、まもなく聴かれようとしているのである」という結びを読まされて、読者は、この曲について何を得るのだろうか。

　くりかえすが、この論文は、それ自体はよく書けている。おもしろい論文であり、演奏会のプログラムに普通ついている、曲目解説の、平凡で退屈な千篇一律の行き方をやぶろうという企図そのものは、それなりに理解されなくはない。しかし、チェリビダッケが、いかに普通とちがう指揮者かということは、その前にも、もっぱら、そのことにふれて書いた論文が幾つも載っているのである。そのあと、もう一度、今度はチェリビダッケの特性を、今度はプログラムの組み方という見地から、論じてみようというのだったら、その結びが、「真の音楽を生みだすということが、根本的には、いかにそのスコアを完全に読み、そして再現するかということにかかっているということを、彼は、その練習とコンサートとを通じて明らかにしていたように思われる」という程度の、これ以上あたりまえのことはないくらい当然のことになってみると、読者は少々落胆しまいか。少なくとも、私はそうだ。筆者は、「スコアを完全に読み、それを再現する」というところで、ほかの指揮者とチェリビダッケはちがうということをいいたかったようにも読めるけれど、それなら、ほかの指揮者たちは、どこが不完全にしか読んでないのか、もっとはっきり示した方がよかったのではあるまいか。さもないと、世界中の指揮者を、故なく、侮辱したことになりはしまいか。チェリビダッケその人には、もしかすると、そういうことを平気でずけずけという癖が、あるのかもしれないが、しかし、少なくとも、彼は、自分が他人とどうちがうか、実際の演奏のうえではっきり見せるだけのことは実践しているのである。だから、それが「完全か」どうかに問題はあっても、とにかく彼は、そう主張するだけの権利はあるということになる。藤田さんのは、そこがもう一つはっきりしない。惜しいことをした。いっそ曲目解説めいた解説はやめようというのなら、もっとご自分の考えをはっきり書いた方がよかった。

そのかわり、曲目の方は、もう少しくわしい形で、前に載せておくべきだったのではないだろうか。プログラムの内容という見地から、である。これは七百円するのだという。

そうでなくとも、このごろは、演奏会が多くなり、それもおもしろそうな音楽会がいくつも重なっているので、音楽愛好家の経済負担も大変だ。今後もこの調子でゆくとして、どこまで、みんなついて来られるかどうか、心配ではないだろうか。

このチェリビダッケ指揮のロンドン交響楽団の演奏会も、その前に若杉弘とケルン放送交響楽団の公演があったばかりで、四月の同じ時期にロストロポーヴィチとワシントン・ナショナル交響楽団の来日公演がぶつかり、五月早々にはバレンボイムとパリ管、ラインスドルフとベルリン放送交響楽団の来演があるという有り様である。そのため、ロンドン交響楽団の演奏会は、かなり空席のある日もあったようだし、現に私のいった日も満員から遠かった。ロストロ／ワシントン組もずいぶん不入りの日があったという話をきいた。

そういうなかでの音楽会である。プログラム代ぐらいというなかれ。七百円出して買うなら、それにふさわしいものであってほしい。その時、ふさわしいものは、曲目や演奏者についての、ザッハリヒな紹介か、それとも、筆者がこう思う、こういう気がした、こんな話があったという具合の、読んでおもしろい論文か。

私は自分だけが正しいと主張する勇気はない。ただ私だったら、演奏者についてはしっかりした紹介があればよいと思う。

また曲目については組曲の中に含まれる各曲の名とか交響曲の各楽章の発想記号

ぐらいは、わかりやすいところについたものがほしい。それもなくて、ただ、何をやるかだけが書いてあるものなら、会場の外で、ただで配っているチラシで十分に間にあう。このチラシか今度のようなプログラムか、その二者選択なら、私はチラシを選ぶ。しかし、もう少し何とか説明があって、しかも値段のあんまり高くないもの、そういうものがあるとしたら、それがいちばん良いのではないかと思う。

以上、たまたまチェリビダッケの日に手にしたプログラムについての、私の感想である。この日だけが、特に不備というのでなくて、ほかにも、同じようなものがあるかもしれない。言葉も至らなかったら、あやまります。藤田さんをはじめ、皆さん、悪意にとらないで頂きたい。

私の論議の重点は、論文の一つ一つの出来ではなくて、こういうプログラムをつくり、そうして売る、編集方針と営業方針についてにある。ある席で、こんなことをいったら、「ロストロ／ワシントン組のプロは二千円だったぜ」といわれた。どんな内容だったのだろう?

主観と演奏　バーンスタイン、チェリビダッケ

正直いって、私はまだ、先月死んだバーンスタインから解放されてなくて、何かにつけて彼のことを思う。といっても、いちど何かの席で紹介されただけで個人的接触などなく、思うのはすべて彼の演奏を通じてのことである。

多くの人は、彼の指揮が主観に流れる傾向があったという。だが、主観のはっきりしない演奏とは何だろう。それに、よく考えてみると、いわゆる楽譜尊重の「客観的演奏」の時代は過ぎさりつつある。あれは大分前から、音楽の表面を美しく磨き立てるゆき方に席をゆずり、内容の空洞化の落とし穴に陥りつつあった。

今日のマーラーの流行はそれと深く関係する。いま日本でもてはやされているシ

ノーポリのマーラーはもう単純に美しくはあり得ない。第一交響曲のとっぱなの音、チェロだけでなく、コントラバスのフラジオレットの*ppp*であんな高いイ音を出させるのは、奇矯であり、作曲者にとってはカケだった。彼は「楽器にとって無理なく出せる美しい音」でひかれたくなかったのだ。

新しいマーラー像をうちたてた最初の指揮者バーンスタインの演奏は、せめて「主情的」とでもいえば、より正確だったろう。

彼のマーラーはみんないいが、そのほかにも、たとえばベートーヴェンの弦楽四重奏作品一三一をウィーン・フィルでやったのも、ほかに類のないものだった。私はこれを去年八月ＮＨＫ衛星放送で経験した。その中でバーンスタインは「もし私の指揮したもので一つだけ残すとしたら、これを上げたい」といってたが、それは思いすごしでも何でもない。

この弦楽四重奏でひいたって難曲中の難曲を、六十本の弦楽合奏団としてひききったウィーン・フィルもさすがだが、バーンスタインもここで彼のすべてを出しきった感じだった。第一楽章のフーガの提示から、音の強弱の緊迫した劇的な迫力できくものの心をいっぺんにつかんでしまうのだが、そのあとの楽章での喜悦の踊り、冥想的恍惚の流露、どこをとっても聴き手に力強く語りかけ、呼びかけるのをやめない。特に、この曲の中心、あの偉大な変奏曲の楽章は、前にもふれた「痛みと快感の一体化」が、ほとんど音楽的表現の枠組みから溢れ出てくるみたい。指揮者だけでなくオケのみんなが、自分のすべてをあますところなく、この演奏にぶちこみ、その中にひたり、呼吸し、生きているのがわかる。

ウィーン・フィルが弦楽合奏団に変身して演奏するのをきいていると、いつもみなれたカラー写真でなくモノクロで音楽をきいているような気がする。そうして、この方がカラーよりずっと光と影の造形を敏感に出せるだけでなく、それを通じて、対象を内面化し、心理化して映し出す能力をもっているのと同じように、この演奏も、すごく心理的なものになっているのがわかるのである。これが「バーンスタインの主観的行き方」の本当の姿だろう。「これしかないひき方。これが唯一の正しいひき方」というのとは一見逆のものと思えるが、隅から隅までいっぱいメッセージがつまっている演奏である（こういうものは何度でも再放送してほしい）。

すべての演奏がこうあるべきだとはいわないが、つきつめたところ、演奏はこの方があとあとまで強く長く記憶に残る。そのためには、演奏家、特に指揮者は、とびきり強烈な個性の持ち主でなければ、やれないのではないか。

強烈な個性といえば、十月日本にきて、ブルックナーの交響曲を指揮していったチェリビダッケもあげられる。ただ、彼についての日本の評価は、オケの合奏技術について、あくなき正確厳密を求める完璧主義者といった面が強調されている割に、では、それで何をしているかがあまり論じられてないような気がする。私は、この間第四をサントリーホールできき、NHK教育テレビで第八をきいた（教育テレビの音楽放送がいつの間にかステレオになっていたのは、当然の話にせよ、うれしい驚きであった）。

オケの合奏はたしかにすごく高度のものだった。土台、ミュンヘン・フィルというのは、どちらかというとローカルな存在でしかなかったのに、これほどの高さのものにしたのは大変な業績に違いない。しかし、チェリビダッケが求めているのは機械的正確さでなくて、内容から出発しているのだということは、これまでの来日公演での演目より、今度のブルックナーがより明確に示していた。

メンデルスゾーンや何かでは何かきゅうくつで高圧的な指揮にみえたものが、ブルックナーでは「なぜこうなのか」がよりよくわかる。

第一、この人は万事につけて極端な人だ。演奏時間からいっても、第四もすごく長かったが、第八に至っては二時間近くかかる。それに弦から管まで膨大な人数を揃えた上で、最強音から最弱音まで、音のレンジの範囲はかつてないものになっている。

ブルックナーは、とかく、主要な楽想から別の楽想に移るについて、きれ目のない推移の手続きを省いて、その間に休みをはさんだあと、一気に飛躍さすことが少なくない。そういう時、チェリビダッケは、裂け目をなるべく目だたないよう工夫するというのと反対に、一息いれて、いきなりつぎの楽想をぶつける。音楽は——少し誇張すると——衝撃的な突発事の連続みたいにきこえる。あるいは、いたるところに切り裂かれた傷口が露出するといえないこともない。

絵にたとえれば、ゴッホが、黄と青、緑と赤といった反対色を隣り合わせにおいて、画面からなまなましい衝撃の火花を生み出したようなものだ。

こうしてチェリビダッケのブルックナーは、マーラーと違うが、強烈さでは一歩も譲らぬカタストローフ（破局）の音楽となり、アルルの画家の痛苦の昇華の芸術と紙一重のものであることを啓示するものになる。

バーンスタインのマーラーには、まだ、憧れとか望みとかでやわらげられ、一抹のヒューマンでロマンティックな香りがあった。これに対しチェリビダッケのブルックナーは、もうこの先もなければ、あと戻りもきかない地点に立った音楽である。彼の指揮ぶりも右手でタクトをとるだけで、左手で表情をつくることは皆無に近い。二時間近く、この音楽にゆすぶられたあと、第八のフィナーレの有名なコーダの壮大な凱歌が歌い上げられても、そこからはあんまり喜びが実感されない。

（一九九〇年十一月二十日）

レナード・バーンスタイン

Leonard Bernstein

1918-1990

アメリカ合衆国

バーンスタイン

1

私がはじめて指揮者バーンスタインに接したのは、一九五四年の秋のヴェネツィアの現代音楽祭でだったと覚えている。秋といっても、九月の前半だったろう。それは、そろそろ夏の外国漫遊客の姿が消えかけるころ、そうして、有名なヴェネツィアのビエンナーレ——例の隔年にひらかれる国際美術展——は会期中ではあるけれども、鳴物入りで行われる開会式以下、大賞の決定その他の重要な行事がひとわたりすんでしまったあとに当る時期だったと覚えている。このころは、まだ、ヴェネツィアのビエンナーレも活力が汪溢（おういつ）している時だった。

音楽祭のほうは、何回目だったか覚えていないが、どうも、美術展ほどにはいかなかったようだ。それでも、私の行った年は、多くのオペラの名作の初演で名高い、フェニーチェ劇場で、ストラヴィンスキーの『道楽者のなりゆき（レイクス・プログレス）』があったり、別の劇場でベンジャミン・ブリテンの『ねじの回転』があったりした。ストラヴィンスキーのほうはたしかこの前年にここで初演されたものだし、ブリテンのオペラは、この年のが世界初演ではなかったかしら？　何か、そんなふうな気がする。そうして『道楽者のなりゆき』は、私はその前にニューヨークできいてしまっていたのだが、『ねじの回転』のあの異様な暗さと繊細さの混在するスコアに接するのははじめてだった。

そういう中で、バーンスタインは、彼の自作の『饗宴（きょうえん）』の指揮をしたのだった。これは、プラトンの有名な対話篇にもとづく交響詩で、その中でプラトンはソクラテス以下の人びとに精神的な愛と肉体的な愛について語らせたりしたわけだが、バーンスタインの音楽はけっしてロマンティックなものではなかったが、ギリシア風の典雅——といっても、具体的にどんな音楽だったら、そういう印象を与えるか、私自身にだってわからないけれど——というのでもなく、むしろ、今世紀前半の新古典主義的な、上品なものだったような気がする。というのも、正直な話、私は、この音楽のこと、あんまりよく覚えていないのである。むしろ、同じ音楽祭で、はじめてブルーノ・マデルナとルイージ・ノーノの管弦楽曲をきいて、それはあのころはやり出した《ヴェーベルン的点描主義》の影響の濃厚な作品だったけれども、その中ではノーノの剛とマデルナのやや抒情的なのと、二つの行き方の違いが感じられておもしろかったので、そちらのほうをずっとよく思い出す。

ともあれ、バーンスタインの指揮——あれはどこの交響楽団だったのかしら？——の姿は、その時からもう、とてもにぎやかなものだった。作品の中の音の数も多かったけれど、動きもひどく派手で、同じ作曲家兼業の指揮者といっても、それまでに私のみてきたような、どちらかというと音楽の形をはっきりさすのに重点をおくヒンデミットとかミヨーとかストラヴィンスキーとかの、いわゆる《作曲家的な指揮》というのではなくて、きわめて活発な指揮だった。

バーンスタインの指揮に接したつぎの機会は、たぶん一九六一年、例の東西音楽祭が東京上野の、できたばかりの文化会館を中心に開かれた時のことだったろう。

このころの彼はもう、指揮の専門家というより、ニューヨーク・フィルハーモニック協会の管弦楽団の音楽監督、常任指揮者として、アメリカ楽壇きっての寵児としての地位を確立していたのは、いうまでもない。東京でも、この時の彼をきいた人は、私のほかにもたくさんいるはずだ。「いくらよく動くといっても、こんなに腰から拍子をとるような、こんな忙しい指揮だったかしら?」と、私は思った。この時はドビュッシーだとかラヴェル——『ラ・ヴァルス』、それから彼がピアノ独奏もうけもった『ピアノ協奏曲ト長調』——などをきいたと思う。猛烈に「音楽的」で、しかも活気にみちあふれ、音楽するのが楽しくって仕方がないといった演奏だった。

それと同時に、ニューヨーク・フィルハーモニー自体も、私が前にニューヨークでブルーノ・ヴァルターやミトロプーロスできいたのとまるでちがって、じじむさいところがなくなり、すっかり若返って、バリバリ大きな音を出していて、何か痛快だった。「やっぱり、彼こそはアメリカ随一の音楽的な人物なのだろうな」と、私は思った。

しかし、この時の彼の全演奏を通じて、私が一番に思い出すのは、実はチャールズ・エドワード・アイヴズの『答えのない質問』という比較的短い曲である。私はあの時アイヴズをはじめてきいたはずであり、きき終っても、さっぱりわからなかった。ただ、曲の終り方が、すごく印象的で、まさに「答えようのない質問」をつきつけられて、どぎまぎしているうちに、先方に立ちさらされてしまったような、何とも苦しいような恥ずかしいような、腹立たしいような想いがしたことは、今でも覚えている。このあと、いつだったかストコフスキーが来て、読売日響を指揮した時も、たしか、アイヴズをやったはずだが、その時のことより、このバーンスタインできいた時のほうが、少なくとも私には、強烈な印象が残っている。

このあとバーンスタインをきいたのは、一九六八年の春のヴィーンでだった。この時は、もう、バーンスタインをききたいばかりにヴィーンに行ったようなものだった（といっても、私は当時ヨーロッパに一年の予定で滞在していたので、何も東京から出かけて行ったわけではない）。それというのも、彼がヴィーンの国立オペラで、クリスタ・ルートヴィヒの公爵夫人、ワルター・ベリーのオックス男爵以下の配役で『ばらの騎士』をやって大評判をとっていたからで、ないないという切符を苦労して手に入れたあげく、オペラのほかにも、ヴィーン・フィルハーモニーの演奏会にも出かけていって、ステージのすぐ前の第一列で、右横にバーンスタインを見上げながら、彼の自作――何といったっけ、あの素人合唱団のために書いたカンタータみたいなもの――だとか、モーツァルトのピアノ協奏曲（ここでは彼が独奏までつとめていた。バーンスタインは人前でピアノをひくのがよほど好きなのだろう）だとかをきいた。ほかにブラームスもあったかと思う。

この三度目のバーンスタインは、もうアメリカ楽壇の寵児というだけでなく、ヨーロッパのある新聞記事をひけば、「世界で二番目の、一番偉いマエストロ（der zweite größte Maestro）」ということになっていた。「一番目の一番偉いマエストロ」が誰かは、かくまでもないだろう。

2

この時の『ばらの騎士』は、一面ではとてもおもしろくて、一面では、少し失望した。何しろ、オペラというものは、必ずしも万事が指揮者の思う通りにいっているわけではないから、ここでバーンスタインだけを云々（うんぬん）することもできない。

ヴィーンは、カラヤンが喧嘩別れしてしまってからは、誰かそれに対抗できるだけの英雄がほしくてたまらないので躍起となって探し当てたのが、バーンスタインである（こういう場合、カール・ベームが話に出てこないのは本当に変だが、どうしてだか、そうなのである。かつてベームがヴィーン国立オペラの音楽総監督だったのに、やたらと国外に出て客演をしてまわり、ヴィーンに腰を落ちつけていないからといって、ヴィーンのほうで、ベームを追い出したといういきさつのあるのは事実だけれども）。それだけに、先年のフィッシャー＝ディースカウの主人公で『ファルスタッフ』をやって以来、バーンスタインのヴィーンでの人気というものは大変で、ヴィーン人にしてみればこれでカラヤンを見返してやろうというわけなのだろう。今度の『ばらの騎士』も、前評判が高く、バーンスタインが稽古に入ると、新聞——一般紙である——には、連日その稽古場の話が出るという具合だった。バーンスタインのほうも、心得たもので、最初の記者会見の席でまず「今度の出しものは、オーケストラの諸君も歌手のみなさんも、いやお客の方々も、みんな、私よりよく知ってる音楽なのだから、私はただ黙って、みなさんに教えてもらえばよいだけ。勉強に来たようなものです」といった調子でやる。そのうえに、初日ではあの第二幕のワルツの入る間奏になると、バーンスタインは、最初の合図を与えたあとはもう、オーケストラに好きなように演奏してくださいとばかり、両手をじっとたらしたまま立っていたなどという話が——たぶん本当なのだろうが——翌日の新聞に出たりする始末で、これでヴィーンの市民がよい気持ちにならなければおかしいというものだろう。

私が、前におもしろかったというのは、必ずしも、そういうことでもないのだが、しかし、結局はこれと関係がある。ヴィーンの人にしてみれば、『ばらの騎士』は誰が何といっても自分たちのところの音楽だという気持ちが強いのであり、そのため演奏ばかりでなく、国立歌劇場での演出や装置についても、演出家なり何なりが自分の考えだけできめてゆくという具合にいかなくなってしまっている。

そういうことがすべてにしみわたっているから、『ばらの騎士』はヴィーンでき き、ヴィーンでみると、ちがうのである。それは、このオペラがまだ「生きている」証拠である。これは、単にこのオペラがヴィーンを舞台にしているからというだけではないのである。たとえば、日本で歌舞伎が果してそこまで生きていると言えるかどうか。市民にそれだけの関心が残っているかどうか。いくら、大阪でかかれたとか東京でかくかくの名優たちが活躍したとかいう歴史的由緒、因縁があっても、それだけではたりないのである。『ばらの騎士』がヴィーンでまだ生きているのはヴィーン人が生かしているからなのだ。

ところでバーンスタインは、『ばらの騎士』で何もしなかったわけではない、もちろん。第一、その評判の第二幕への間奏でだって、私のきいた晩は、彼は精力的に指揮をしていたし、全体にわたって、とても「バーンスタイン的」演奏になっていたことも事実である。

では何を、「バーンスタイン的」と呼ぶか？

3

それは、私にとっては、この『ばらの騎士』と、その翌日きいたヴィーン・フィルハーモニーの演奏会での彼の指揮をきいて、生れてきた考えなのである。私は、まだ、自分はバーンスタインのことがよくわかっていないのかもしれないという気もときどきするのだが、とにかく、それは、まず、こんなことになろう。

指揮者バーンスタインの第一の特徴は、それが非常に逞しい活力にあふれたものだということだ。それは肉体的なエネルギーにあふれたものであり、そうして強烈な情緒を発散するタイプである。それも爆発的な衝動的なものというよりも、もっと持続性のある、粘り強いものだ。ときとして、粘っこくてやりきれないこともあるけれども、これは反射的、非省察的な性格のものではない。もっと、根本的本質的に、彼の人並み以上にすぐれた知性——音楽的知性にいたるまで一貫してあるものだと思われる。

というのは、私には、これがバーンスタインの独特なところかと思われる急所は、この強烈な情緒への傾斜が、同時に、いつも、ある種の非常に覚めた意識的な働きと結びついて働いているらしいことにあるからである。

別な言い方をすると、バーンスタインの指揮するマーラー。バーンスタインは、現代の代表的マーラーの指揮者であるが、彼のマーラーをきいていると、深刻な感情の動揺、非常に幅のひろい振動と起伏のほかに、感情と悟性との対照とか均衡とかのとり方にも、その猛烈さが一歩も弱められることなく出ているのである。その結果、これは極度に主観的でありながら、感情一点張りの演奏ではなくて、かなりに計算のゆきとどいた演奏になっている。こういう人の場合、主観的即感情的とはならない。

そういうのを、かりに、私の好きな言葉ではないけれども、ユダヤ的な性格と呼ぶとすれば、バーンスタインの音楽は、多くのユダヤ人芸術家に共通する、あの都会的な、反牧歌的な点でも、際立った特徴をもっている。ただし、ここで都会的というのは、感覚の過度の洗練、過度の敏感さというものとは、むしろ逆のものである。都雅でもなければ、蒼白い、ひよわな神経質でもない。むしろある種の大都市の住民や子供たちにみられる、すでに多くの害毒や混乱や騒音に免疫となったものの感情と知性の機敏な逞しさとでもいったものである。

私が、バーンスタインで違和感を覚える最大のものは、ひょっとしたら彼の作品にも演奏にも同じくらいある「標題楽的なもの」への傾向かもしれない。十何年前はじめてバーンスタインの指揮で彼の作品をきいて以来のことをふりかえり、それから特に先年ヴィーンで彼をきいた時のことを思うと、バーンスタインの音楽には、プログラム・ミュージックへの根強い親近性がある。

彼のマーラーにも、だから、私たちが充分に敏感だったら、きっと、多くの具体的で描写的なものをきき出せるのではないかと思う。そうでなくとも、たとえば、彼のふったベルリオーズの『幻想交響曲』を耳にしたものは、この音楽から、実に多くの「ものがたり」と「描写」をひき出してくるバーンスタインの力に驚かずにいられないのではなかろうか。少なくとも、私はびっくりした。そうやって音楽の叙述的な性格を浮きぼりにする、そのやり方の烈しさと生々しさ、迫力と鋭さはほかに類のない域に達している。これをきいたあとで、モントゥーの指揮のレコードできいてみると、その、「柔かく、夢幻的」に響くこと。まるで別の曲どころか、別天地みたいだ！

ベルリオーズがエキセントリックな物語り手であったことは確かだろうが。

この「物語り手」としてのバーンスタインの特性は、彼の啓蒙性を解明する糸口にもなるだろう。

この名指揮者は、ときどき、情熱を生きるのでなく、情熱の何たるかを、きく人に教えるような演奏をする時がある。それから、特に、優しさ、甘美さ、快適さを表現しようとする時のバーンスタインには、私には少しやりきれないような甘ったるさがつきまとう場合がある。特にヴィーンで、自分で独奏しながらモーツァルトの協奏曲の指揮をする時、右に左にと合図をしながら、ときどき「うまくやった、ありがとう」とでもいわんばかりに唇に指をあてて、甘いキッスを楽員に送っているのをみた時は、私にはそのまま席にのこっているのに、かなり努力がいった。

しかし、その時——私は前にかいたように、ステージのすぐ下の第一列に坐っていたのだが——、私のまわりには、恍惚として彼を見上げている何人もの女性の目があったのも事実である。

バーンスタインは、単にきき手を陶酔さすだけではなく、オーケストラの楽員をも強く魅惑するにたる精神的放射があるのであろう。

名指揮者というものは、彼自身の中にすぐれた音楽としての素質をいっぱいにもっているというだけではたりない。彼は、管弦楽の楽員たちにも、少なくとも彼の棒の下にある限り、一人ひとりがすぐれた音楽家なのだという信念を吹きこむ能力がなければならない。つまり、彼は、楽員を魔法にかけ、ふだん以上の能力を発揮できるようにする素質をもっていなければならない。日本人でも、たとえば、小澤征爾にはそれがある。

バーンスタイン再説

1

今かりに、同じ指揮者による交響管弦楽の演奏会が、幾晩もつづいて開かれるとして、いろいろなプログラムをきくために、その演奏会に何度も出かけたくなるような、そういう現存の指揮者といえば、私には、ヨーロッパではヘルベルト・フォン・カラヤン、アメリカでならバーンスタインぐらいしか思い当たらない。

もちろん、世界には、指揮の大家、名家、逸材と呼ばれるべき人びとはたくさんいる。その中で、たった一人拾うとしても、たとえばカール・ベーム。私は、このベームが、カラヤンやバーンスタインより興味のない指揮者だとは、まったく考えていない。ベームのモーツァルトやR・シュトラウス、ヴァーグナー等のオペラや楽劇の指揮。またベートーヴェン、ブラームスその他の交響的作品の指揮。それは本当に素晴らしい。だが、ベームはほとんど完全な音楽家であると同時に、完全に音楽家である。彼は、一つの作品を完全に音楽の内部での出来事としてうけとり、その中ですべてを処理する。彼のシュトラウスやモーツァルト、ヴァーグナーには、音楽のすべてがあるが、そこからは音楽以外のものは閉めだされている。私は、ベームを何回か聴いた。ことにベルリンできいたブラームスの『第二交響曲』と、バイロイトできいたヴァーグナーの『トリスタン』は、何年か前のことであるが、いまだに忘れられない。それは、私にとっては、最上の音楽の体験に近かった。もし私が、音楽の天才だったとしたら、私はもう彼を二度ときかなくてもよいだろうと想像されるぐらい、ベームという人のすべてを遺憾なく表現しきった演奏だった。幸か不幸か、私には、そういう性格が恵まれてない。だから、私はこの後も機会あって、彼の演奏がきけるとしたら、大きな喜びを感じるだろう。だが、そういう私だって、彼の演奏を心ゆくまで味わったあとでは、「さて、あとこの人からきかなければならない何が残っているだろうか?」と自分にきいてみないわけにゆかないのである。それほど、ベームは、すべてをもって音楽に仕え、すべてを音楽に捧げている。これができるということ、そこに彼の天才がある。

カラヤンとバーンスタインの天才は、別のところにある。この二人には、「音楽はそこにあるもの」でなくて、「これから発見されるべきもの」として、つまり《対象》としてではなくて、《目標》としてある。対象でなく目標である以上、それは、これを追求する人の主体的なあり方を別にして、音楽は形を現わすわけにゆかない。

これは、通俗的な解説者たちの濫用する、客観的な演奏と主観的な演奏との違いといった、演奏様式の次元での問題ではなくて、芸術と人間とのかかわりあいのもっと根本的なものに由来する問題である。

簡単にはいえないが、ベームは音楽家だが、カラヤンやバーンスタインは芸術家なのである。音楽家は、音の一つ一つについて、初めから吟味する用意をもつが、芸術家は、自分を離れたところに、芸術をみることを拒絶する勇気をもつ。彼らには、モーツァルトもベルクも、ベートーヴェンもラヴェルも、ヴァーグナーもマーラーも、なぜそれらが《音楽》であるかを、一つ一つ問い質してみる必要がある。

だから、彼らの指揮をする音楽会の聴衆は、すでに知っている曲であろうとなかろうと、そのプログラムにのる曲はみんな、指揮者に導かれながら、もう一度それらがどういう音楽であるかを、きき直す機会をもつことになる。ことわるまでもなかろうが、これは、彼らが指揮すると、すべての曲がいつも欠点のないりっぱな演奏になるということではない。どうやらこの二人は何でもやってみたくなる性質の音楽家らしいけれども。

といっても、カラヤンとバーンスタインとは、それぞれ、非常にちがった芸術家である。カラヤンはザルツブルクに生まれ、そこで音楽を学んだ。つまり彼は、深くて長いヨーロッパ近代音楽の伝統の真只中に生まれ、育った人であり、いわば旧家の末裔とでもいうべき極度の洗練と明敏とを兼ねそなえた芸術家である。

ではバーンスタインからは、私は、何を経験するか。

2

今からみると、もう大分前になる。一九五四年の秋、私はヴェネツィアのあの美しいラ・フェニーチェ劇場でバーンスタインの指揮にはじめて接した。当時まだとても若々しかったこのアメリカ人は、プラトンの『饗宴(きょうえん)』による自作の交響的作品を指揮した。それは、プラトンの《愛》をめぐる対話篇にふさわしく、肉欲的な地上の愛、聖なる理想的な愛といった副題のついたいくつかの楽章に、たしか、わかれていた。しかし、私の覚えていることといえば、その作品よりも、むしろ、腰と膝、それから特に足首と足先を非常に巧みに使った、伸びのよい彼の指揮ぶりである。こういう姿は、そのころ少々ヨーロッパ各地でさまざまの指揮者の動きに馴染みはじめていた私には、とても珍しく映った。それは単純に威勢のよいダイナミックな指揮というだけでなく、もっとはるかに屈折の多い、速度と表情の変化をひきだすうえで巧妙を極めたものと思われた。

その次は、一九六一年、東京でである。ちょうどそのころ出来たばかりの上野の文化会館の壮麗な大建築のホールで、ひきつれてきたニューヨーク・フィルハーモニーを前に、バーンスタインは三回の演奏会を指揮した。私はその三回をつづけてきいた。

プログラムは多彩を極めたものだったが、私は、特にバルトークの『弦楽器と打楽器とチェレスタのための音楽』とラヴェルの『ラ・ヴァルス』、それからストラヴィンスキーの『春の祭典』とヒンデミットの『弦楽器と金管楽器のための演奏会用音楽』（コンサート・ミュージック）を覚えている。またこの時、バーンスタインが、チャールズ・アイヴズの『第二交響曲』と『答えのない質問』の二作を私たちに紹介し、この「不当に閑却されているアメリカの最も特性的な作曲家」のために短い話をしたこと、それから日本の作曲家・黛敏郎の『バッカナーレ』をプログラムに選び、それを特に日本の若い指揮者・小澤征爾に指揮させたことも、いまだに忘れがたい挿話である。

バーンスタインは、一九五四年にきいた時に比べると、大きく成長していた。しかしそれは、彼の指揮ぶりの変化というよりも、もっと精神的なものであった。せまい意味での指揮の技術とか、彼の音楽の傾向とかいう点では、ヴェネツィアで接した彼は、すでに若くして一家をなした堂々たる音楽家であったのだ。

だが、たとえば、バルトークでは、私は、特にこういう点で、彼の《大きさ》を感じた。というのは、あの導入の上昇とクライマックスと下降とからなる第一楽章では、上昇の淡々としているのに比べて、クライマックスに到達してから、徐々にデクレッシェンドで下降してゆく時のほうがはるかに周到で、いってみれば彫りの深い演奏をしている点。第三楽章で、がたんと段のつくほど、急速な減退を敢行していながら、それが単なるスビト・ピアノという量だけの扱いでなく、本当に大きなものの挫折の姿になっている点。

　こういう言い方が、この文章を読まれる方々にうまく伝わるかどうか、私は不安なのだが、これはもちろん標題音楽的な意味ではなくて、まったく大きくて神秘なものの翼が破れて地上に堕ちてくるような挫折の姿だったし、それに即して、私に強烈に感じとれたことは、いかに、この演奏が、この指揮者の《人格》の発露であるかということである。

　この三回の音楽会を通じて、ニューヨーク・フィルハーモニーの演奏のすばらしさは、大変なものだった。バーンスタインがこの交響楽団の常任指揮者に就任する直前、まだドミトリ・ミトロプーロスの時代にニューヨークできいたことのあった私は、それ以後、この上野できかれるようになった時までの間に起こった目ざましい変化に本当にびっくりした。とても同じ管弦楽団とは思えないほどの違いだった。私のニューヨークできいた時は、もっとくすんだ、そうして冷たい音の管弦楽団であったが、六一年の上野できいたのは、有名なヨーロッパの交響楽団と比べても、普通の大きさの映画とシネラマとの違いくらい幅と厚みで音の違いがあった。「もし、芸術が《能力》と同義だとしたら、この時のニューヨーク・フィルハーモニーの演奏は、ほかに比べるもののないほどの高度なものである」と、私は当時どこかに書いた覚えがある。ラヴェルの『ラ・ヴァルス』にしても、物凄いほどの金管の唸りと部厚い弦楽部の波濤の間から、一つ一つの木管が鮮かに、私たちの耳にまで届いてくるのには、呆れるほかなかった。

一体、どうして、こういう変化が可能なのか？　「悪いオーケストラというものはない。悪い指揮者があるだけである」というグスタフ・マーラーの言葉が、もし、この場合にぴったり当てはまるのだったら、この驚くべき変化の根源にあるのは、バーンスタインの常任指揮者就任以来の業績以外の何ものでもありえない。

ところで、私がこういうことをいうのは、バーンスタインが管弦楽団の訓練者として有能であろうという推理をするためではない。この時のニューヨーク・フィルハーモニーの演奏は、いかにすべてが、この指揮者の截然たる性格の力強さを拠りどころにして行なわれているかということを、雄弁に示していたからである。

バーンスタインには、今日のヨーロッパの多くの指揮者には見当たらないような、ある種の自信にみちた魅力というものがある。いや、この魅力は、ヨーロッパに育ち、訓練をうけたあとでアメリカに渡って成功した指揮者たちにも、また——私の知る限り——アメリカ生まれのほかの指揮者たちにも見あたらない。これは、単純に、《音楽性》の優劣というのとはちがう。一口でいえば、ほかの人びとはよい指揮をしていれば、それでよい。しかし、バーンスタインにとっては、好むと好まざるとにかかわらず、ニューヨークのようなアメリカの大都市の代表的大交響楽団の指揮者であるということは、単にすぐれた演奏をするというだけでない。すでに演奏会のプログラムの決定が、ある任務をもつ。それは人類の歴史がはじまって以来、未聞の発展に到達した一つの文明社会の中で、一人の芸術家が、芸術のうえでだけでなく、社会的行為として、どれだけの役割を果たすかという問題に直結している。彼がアイヴズを——東京ばかりでなく、ニューヨークでも——勇敢にとりあげるのは、そのためである。アイヴズだけではない、ジョン・ケージを含む、同僚の作曲家たちの作品から他国の進んだ音楽の紹介はもちろん、ラジオ、テレビ、レコード、著作等々、彼の活躍するすべての領域で、この音楽家は、自分のもつ芸術と自分をふくんでいる社会と、その双方に対してはっきりと自覚した一つの態度をもって対している。

こういう役割は、かつて十九世紀から二十世紀の初めにかけてドイツを中心とする中欧の諸都市で、そこの劇場と交響楽団の楽長たちが果たしてきた役割に類(たぐ)えることができるだろう。ただ、今日のヨーロッパ社会は、そういう状況を越えてしまっている。今日のヨーロッパの大指揮者で自分がそういう役を演ずべきだと考えている人はいないのではあるまいか？　指揮者は、たとえばヴィーンの国立オペラの音楽総監督の職についたとしても、この都市で自分が音楽上の先達、あるいは音楽界の族長のような役を演ずべきだなどといわれたら、笑いだすだろう。彼がその職務に耐えられないから迷惑だというのでなく、その土地の誰もそんなことを彼に期待しないからだ。いや、もしそんな事態になったら、公衆はよけいなお世話だ、やめてくれというだろう。だがニューヨークではちがう。

ニューヨークにはまだかつてのヨーロッパの楽長のような存在を受け入れる余地があり、むしろ人びとはそれを歓迎するだろう。そうして、バーンスタインこそ、それにうってつけの音楽家なのだ。この今日の《楽長》にとって、作曲は、かつてのドイツの小宮廷や中都市の楽長たちにとってと同じく、指揮に少しも劣らない本質的な仕事に属する。しかも、彼らにとっても同じように、バーンスタインにとっても、この両者の中で作曲は演奏に優先すると単純にいいきれない。作曲でもバーンスタインは、あくまでも、「アメリカの今日の作曲家」であろうとしている。彼が「エレミア哀歌」による『第一交響曲』やW・H・オーデンの詩「不安の時代」による『第二交響曲』や『カディッシュ交響曲』を書くかたわらで、バレエ『ファクシミル』とかミュージカル『ウェスト・サイド物語』の音楽を書いているのは、けっして彼がジャズと《クラシック》とに分裂して、その総合に成功しないからではなくて、逆に、前にのべたのと同じ理由で、あくまで一人のアメリカの芸術家として、単一で全的な存在であろうとするからである。

指揮をする人としてのバーンスタインは、一面では、これまで多くの演奏家の大家を生んだユダヤ系の人びとと共通したものをもっている。ただ、それとともに彼は、カーティス音楽院でフリッツ・ライナーに指揮を学び、アルトゥール・ロジンスキーの下でニューヨーク・フィルハーモニーの補助指揮者を勤めていた人でもあって、あくまでもイン・テンポでおしまくる演奏を知らないのではない。ロマンティックな情緒への根強い執着と若々しいリズミックなダイナミズム。この二つの源泉から、非常に官能的であると同時に、正確でしかも大きく起伏するダイナミックな躍動をもつ彼の様式が生まれてきているのである。そういう点で、一例をあげれば、彼の指揮したマーラーの交響曲は、ブルーノ・ヴァルターのそれとはまったくちがう魅力をたたえている。そこにはよりにがい懐疑があるとともに、爆発的な有頂天もある。彼のベートーヴェンやラヴェルやベルリオーズにしても、ベームやクリュイタンスのそれとはよほどちがったものである。指揮する彼は、作品に忠実というより、作品べったりになり、しかも、曲の中でも、エモーショナルな面を一番重視しているかのようにみえる。マーラーをふる時はいうまでもなく、ラヴェルをやる時でさえ、そうである。

今日のアメリカ人で、バーンスタインほどの高さまで自分を表現する能力を手に入れ、それを展開する訓練を経た指揮者は、ほかにいないと思うけれども、彼には、そのうえに、まだどういうところに到達するのか予測できないものが残されている。

バーンスタイン　モーツァルト『交響曲第三九番』『第四〇番』

ヴィーン・フィルハーモニー管弦楽団

今さら言うまでもないことだが、モーツァルトの『第四〇番ト短調交響曲』はきびしい音楽である。こういう音楽はどう演奏するのが正しいか？

「正しい」という言い方はよくない。十人の指揮者が扱えば、そこに十色の演奏が生まれるだろうし、そのどれが間違いとは簡単にいえないだろう。だが、これくらい異常な音楽になると、十人十色といってもおのずからその相違の幅にも限度があるのも当然の話である。話をここ一、二年にきいたもので、私の記憶に強く残っているものに限ってみると、まずアーノンクールのアムステルダム・コンセルトヘボーを指揮したものが浮かんでくる。あれは激越で強靭。まるで内心を荒れ狂う嵐がそのまま音となって駆けめぐるような演奏だった。のっけから速く、しかもそのなかに微妙なクレッシェンドのふくらみと、デクレッシェンドで小さくしめくくられてゆく結びがあり、いってみれば二枚腰のしたたかさである。アーノンクールはまた、同じ組合わせでやった『ジュピター交響曲』で私の耳を打ったのだったが、この曲の場合も、管、特に金管で格別強烈なアクセントをきかせるから、音楽の急速な展開についてゆこうとするとき、私など、ときには胸が痛くなるようなショックを覚えずにはいられない。そのことは第二楽章でも少しも変わらない。これも速く、そうしてきついアクセントのト短調である。とにかく、あれは、すごい迫力であり、文字どおりデモーニッシュな気迫のこもった『ト短調』であった。これをはじめてきいたときは、きいていてあんまり苦しく、一気に終わりまできき通すことはできなかったのも覚えている。

しかし私が、このアーノンクールの『四〇番交響曲』が、とにもかくにも、きけるようになったのは、その間に、フルトヴェングラーの盤を改めてきくという経験があったからである。

ご承知のように、このところフルトヴェングラーのかつてのレコードで、リカットされ、改めてCDとして市場に提出されたのが十枚あったが、そのなかの一つに『ト短調交響曲』がある。これは昔の盤のときから、私にはあまり楽な聴き方を許さない演奏だった。ベートーヴェンやブラームスでは、あんなにゆっくり音楽をつくってゆくフルトヴェングラーが、この曲となると、まるで人が変わったようになる。そうして、のっけから、すさまじい勢いで突進する音楽をやるのである。いつもくり返し書いているように、フルトヴェングラーは交響曲の同じ楽章のなかでも、いろいろにテンポを変えてゆく。しかし、一つのテンポからつぎの違うテンポにうつってゆく経過のなかで、いろんなことが起こる。それは、たとえばショパンの音楽で、旋律を歌わせるときにぶつかるテンポ・ルバートとは質の違うテンポの転換であって、楽想と楽想のあいだで、音楽構造のなかで果たす機能のうえで違いがあることがこのテンポの移りかわりを通じて明らかになってゆくという性質のものなのだ。

リヒァルト・ヴァーグナーは、かつて、「音楽とは推移の芸術だ」といった。あるものから別のあるものに移ってゆく、その移り変わりのなかで、音楽は自分を展開してゆくのである。フルトヴェングラーの指揮は、このヴァーグナーの言葉の、生きた実例のようなものだった。

ところが、そのフルトヴェングラーが、モーツァルトとなると、少々、違ってくる。モーツァルトでは、彼はあんまりテンポを変化させない。もちろん、これは比較的な話であって、初めから終わりまでイン・テンポ一点張りでおしきるというのではない。だが、彼のモーツァルトを、彼のベートーヴェン、ブラームスと比べれば、両者のあいだには、以上のような違いが出てくるのである。そのうえに、K五五〇の交響曲は、また、前述のように最初の音からして、もう、びっくりするほど速い。そのさまは、何かに追われて必死になってわき目もふらずに逃げてゆく、とでもいったものを連想さす。そうして、私は、そこに「死の影」の気配を感じないではいられないのである。あの最初のリズムの刻み方も神経質であり、それにのって弱拍から出発し、弱拍で一息ついては、また走りだしてゆく主題のリズムも必死で、しかも傷つきやすい。

フルトヴェングラーできくと、この曲の第一楽章のモルト・アレグロも、終楽章のアレグロ・アッサイも、所詮は、わずかな差でしかなく、初めも終わりも、これは遁走、逃走の音楽なのである。両者はともにアラ・ブレーヴェで書かれているし、

第一楽章が八分音符八つが一小節をなしているのに対し、第四楽章は四分音符四つが一小節の単位をつくる。だから、そのなかで八分音符をとり出してきて、第一楽章のそれと比べれば、当然ずっと速くひかれるべきだし、フルトヴェングラーもそうやっているのはいうまでもない。けれども、今いったように、終楽章の主題は四分音符ではじまるのだし、その主題の後半が八分音符で結ばれていても、主体はあくまでも前半の四分音符にある。これに対し、第二主題は、第一、第四楽章とも、かなり微妙なリズムをもって書かれている。

いつもの――というのは、ベートーヴェンやブラームスをやるときのフルトヴェングラーだったら、こういうリズム構造をもった楽想を扱うときは、テンポのうえでも手加減をするところだろうに、モーツァルトと対面するこの大指揮者の態度は、なかなか一口にいいきれない点がある。そこにはある種の不思議な曖昧さが感じられるのである。

特に第一楽章は、今いったように、「この人にして、こんなテンポ」と意外な感を抱かせるほど疾風のような迅速さで出発したにもかかわらず、幾つもの個所で、「この楽章がいかに微妙なリズムの扱い、アクセントの加減を絶対に必要とするよう書かれている音楽であるか」を痛感させずにおかない演奏になっているのである。もっとも、そういえば、程度の差はあっても、終楽章だって同じことだ。特に第二主題がそう。全曲を通じて、いたるところに出てくる、こまかな半音階的表現とならんで、リズムの微妙さこそ、K五五〇交響曲の二つの際立った特質ではないか、と言いたくなるくらい。

それを、くり返すが、フルトヴェングラーは、微妙な手さばきで処理してゆくにもかかわらず、全体としては、この曲では、いつものあのテンポの変化の移りゆきのおもしろさがあまり正面に出てこない。「第二主題など、もう少し遅くしてもいいのではないか。いや、いつ、も、の彼ならそうやるのではないか。」こう思わせるくらい、彼は、あんまりテンポをいじらないのである。だから、私たちは、ここに彼のモーツァルト観の急所の一つがあるといっていいだろう。

それだけ、この曲のきびしさは、疑問の余地のない形で、はっきり浮き彫りされてくる。

私は、アーノンクールの解釈に耐えられるようになるとは、このフルトヴェングラーの『ト短調』を経過したからであると書いたが、この二つで比較すれば、アーノンクールのは、あくまでも「不世出の劇音楽作曲家としてのモーツァルト」といった方向から接近した解釈にちがいない。音楽の表面で追っていけば、アーノンクールの『ト短調』は、フルトヴェングラーのそれよりもよほどドラマティックな演奏になっている。さっきもいったように、これをきいていると、私は胸がドキドキする。ところがフルトヴェングラーでは、全身的につかまってしまう……

今月きいたレナード・バーンスタインがヴィーン・フィルをふった『第四〇番交響曲』（グラモフォン＝Ⓓ28 MG 0769/F 35 G 50003）は、この両者にあった烈しさ、きびしさ、恐ろしさとは別の方向に、私たち聴き手をつれていってくれる演奏だ。

バーンスタインのはあくまでも柔らかさ、けっして無理をしないやさしさが基本にある『ト短調』である。盤に針を落とした瞬間、私たちはそれを直感する。ここから響いてくるのは、まるで弱音器をつけてひいているような弦の音である。

ヴィオラが刻むリズムにのって出てくるヴァイオリンの主題は、人目につかないようそっと洩らされた嘆き、溜息のように奏される。速さも、アーノンクールやフルトヴェングラーに比べれば、より遅い。老年になってからのベームほど遅くはないものの、ヴァルターとは、たしか、あんまり変わらないだろう。そのうえ、この主題は、かなり長く続き、二十小節の第二拍までずっと接続的に流れてゆくわけだが、その間バーンスタインは、管が入ってからほんのわずかのふくらみをつけ、そのあとfを鳴らすほかは、ほとんど出発点と同じような強度と表情のままでゆく。

そのあとも、そうだ。楽章の全体が、いわば古典的節度と均斉感の枠組をしっかり保持したなかで、モーツァルトのスコアが命じる起伏をつけて展開される。

これが、あの——たとえばマーラーで——あんなに手放しで号泣したり、喜びのあまり踊り上がったりするような音楽をやるバーンスタインと同じ人かと、びっくりさせられる。

いや、バーンスタインはブラームスだってずいぶん思いきって「ロマンティックに」演奏していた、ヴァーグナーはいうに及ばない。それが、こんなにやさしく、柔らかく、しかもなだらかなモーツァルトをやる。

バーンスタインのモーツァルトの柔らかさは、私は前から知ってはいた。いつか、ヴィーンに行ったとき、私は彼がヴィーン・フィルとモーツァルトの交響曲をやったり、自分でピアノをひきながら協奏曲をやるのをきいた。そのときは、たまたま、ステージから二列目ぐらいの至近距離から彼の指揮姿をみたので、余計強い印象を得たのだろうが、バーンスタインは幾度も唇に手を当てて、オケに柔らかい音を要求し、それから、特に木管から暖かくてしかも弱い音が得られたときは、無言のまま投げキッスまでして、それを称賛していたのを覚えている。そのときは、いくら何でも「シュトラウスじゃあるまいし、モーツァルトで投げキッスはいやだな」と思ったものだ。

だが、今度の『四〇番交響曲』をきいていて、その姿を思い出すと、それもあんまり嫌味に思われなくなった。フルトヴェングラー流の「運命の足音か死の風に追われる影のような人間存在」を連想さす演奏と違い、ここからきこえるのは嘆きであり哀歌ではあっても、骨身にしみる痛切な悲嘆とか激情のほとばしりではないのだ。むしろ、ここは、仄白くはあっても一条の光りさえ射しこんでくる世界である。

ただし、フルトヴェングラーから学んだかどうかは知らないが、バーンスタインも、この曲でテンポの構造的な動かし方をやっている。具体的にいえば、各楽章の展開部が終わって、再現に入るところなど、次第にテンポをゆるめてゆく。それは、音楽の住まいのなかの一つの部屋をまわったあと、今や一つの扉が閉ざされ、別の部屋に入ってゆくのだということを、はっきり聴き手に伝えるために——あるいは、音楽の構造は、こういう手段で、聴覚のうえで「造形」されるのだという考えから出て――とられた処置のように思われる。そのほか、バーンスタインできくと、音楽の構造が実によくわかる。

だが、それは彼が演奏のうえで、何か手加減しているというのではない。ここには、いかにも作曲家らしい配慮が感じられるといってもいいのだろう。そうして、バーンスタインでの驚きは、第一楽章の比較的ゆるやかな出発の末、終楽章が奏されるとなったとき、彼のとったテンポの速さである。これははっきりと、アレグロ・アッサイのアラ・ブレーヴェであり、音楽はここで烈しく燃え上がり、そうして燃えつきる。これをきけば、第一楽章のあのテンポが明らかにこの終楽章との対照としてとられたものだったことがわかるのである。

このレコードには、もう一面、『第三九番変ホ長調交響曲』が入れてある。私には、これは『ト短調』に劣らず、気に入った。導入のアダージョのほとんど祭儀的なおごそかさをもった遅さと、こまかく分割されたリズムの厳密な正確さ。そのあとにくる三拍子のアレグロの、快適な速さ。普通なら、もう少し遅く、そのかわり暖かい感じで、ワルツとはいわないまでも踊りのリズムになりがちなのに、ここでは、そういったコケットリがなく、すがすがしい古典性と感覚的官能的親しさとが微妙なバランスをつくっているのである。これは、きけばきくほど見事な演奏であって、バーンスタインに劣らず、ヴィーン・フィルの音楽的実力の高さを痛感させずにおかない。

バーンスタイン　ヴァーグナー『トリスタンとイゾルデ』

バイエルン放送交響楽団

今回は、バーンスタインの指揮した、ヴァーグナーの『トリスタンとイゾルデ』にした（フィリップス＝Ⓓ26 PC 19～23/CD 10004～8）。彼のものは、このあいだもブラームスの交響曲全集をとり上げたので、あまり続くのもどうかと、考えはした。私は、初めはただ「前奏曲」だけきいてみるつもりだった。全曲きくことなど考えず、とにかく、どんな傾向のものか、確かめればいいと思ったのである。きいてみると、前にブラームスのとき書いたと同じように、ロマンティックな傾向の演奏となっていた。近年のバーンスタインは、この傾向をますますはっきり打ち出すようになっているようだ。あれこれ右顧左眄（うこさべん）せず、自分の考えを真正面からぶつけ、思いのたけを精一杯歌い上げる。それでいて、音楽のかたちはこわれないのである。

その結果、演奏はどちらかというと長くなるが、きくものにとっては、腹一杯ご馳走を食べさせてもらったような満足感を与えられるうえに、何か、これまでよりもう一歩も二歩も、曲の本質に近づけたような感銘が残る。

だからこの場合も、前奏曲をきいただけでやめる、などというわけにいかなくなってしまった。

順序として前奏曲から書いてゆくが、これはたっぷりしたテンポではじまるうえに、スコアの隅々まで、完全に注意がゆき届いた演奏になっている。それも、単に、これまできき逃していた音が耳に入るといった性質の「完全な」演奏というのでなくて、すべてが「音楽」になっているのである。一例をあげれば、冒頭の「憧れの動機」と呼ばれているモティーフの後半、gis－a－ais－hと半音ずつ上ってゆく旋律にしても、一つひとつの音符の長さが正確に、そうしてたっぷりととられているよりは、gisから半音ずつ、よじ上っていって、hに達する動きにこの曲の生命がこめられていることを、きくものの胸の底に伝えずにおかないという、そういう意欲のほとばしりとして、音になっているのである。それは、各音符の長さや強さというだけでなく、楽器の音色、ハーモニーの動きのなかでの一要素としての意味となって、私たちにきこえてくる。音の一つひとつに執念と熱情の裏づけがある、といってもいい。

いや、実に見事なものである。この前奏曲は、周知のように、神秘的な闇のなかから何ごとかが始まるみたいな静けさから出発して、クレッシェンドとデクレッシエンドを何回もくり返しながら、次第に大きなクライマックスに達し、そこから、再び静けさに戻るという構造をもっているわけだが、この山型のごく単純な形態のなかで、ダイナミックの点からだけでも、どのくらいの種類の強さと弱さがあるか、数えきれないくらいである。私は、この前奏曲の演奏にすっかり、魅せられてしまった。

そうして、これが終わったかのように思われた沈黙――書き落としたが、この曲のなかには、ベートーヴェンにも少しも劣らない「意義深い沈黙（休止や全休止）」が随所にちりばめられているが、その沈黙、休止の扱いでも、バーンスタインは、本当にすばらしい手腕をみせている。まさに、雄弁以上に物を言う沈黙が――その沈黙を破って、若い水夫の望郷の歌がきこえてくる。この歌が、また、完全に、それまでの前奏曲の音楽の続き、その一環として、歌われているのである。たっぷりしたテンポで、あふれるほどの情感を湛えて歌われる、若者の歌！

ここでも、緩急の間合いに、表現の充実と自由な音楽の息遣いとが、一体になって、「創造的な演奏のスタイル」を直観させずにおかない。

前奏曲の演奏が、すでに、バーンスタインがこの楽劇をどんな音楽として把握しているかをはっきり示していたとすれば、それに引続き、この歌がうたわれるのをきいていると、いかに指揮者が全曲を、ひとつの交響的な音楽として再現しようとしているかが、はっきりわかってくる。ここでは、歌は、『トリスタン』というひとつの奇蹟というほかない情念と運命の劇を形に顕わしてゆく要素として、オーケストラと完全に一体になって、働くよう機能づけられている。

だが、また、その「歌」たちの見事さも、並々のものではない。オケと一体といっても、この歌い手たちは、どんな楽器の名手でも羨むにたる声の美しさと性格的表現力に恵まれているのだから。

スコア（私の使っているのはオイレンブルクのポケット・スコアである）の第三九頁から四三頁にかけてのブランゲーネの最初の歌が――次第に幾分ゆっくりとし

たテンポに変わりながら poco a poco piu moderato で歌われるときも、声の美しさとテンポの加減性はぴったり一体となっている。私は、こんなに、それが理想的になっているのを、かつて、耳にしたことがない。きっと、これは、バーンスタインの指示にちがいない。総じて、この演奏では、前奏曲以来、一貫して、テンポはびっくりするほど、細かな変化をもって動いているのだが、念のためスコアを開けてみるとわかる。これらの変化は、バーンスタインが勝手にやっているのでなく、スコアにはっきり書き現わされているのが、ほとんど、なのだ。

このブランゲーネの歌い出しの歌も、その通りで、ここでは、今いった「テンポを少し落とし加減に」はじめて以降、いったんアニマンドに高まったあとで、再びピウ・モデラートにおりてくる。そうして、やや音楽が静まりかけたかと思ったところで、それを烈しく遮るように、アニマンド・コン・インペート（激烈に活気づけられ）と急変して、イゾルデの声が突入してくる。「空気を！　空気を！　あけて、そこを大きく開けて!!」

それに対し、その強烈な対照として、「ふるさとの新鮮な風が吹く……」云々（うんぬん）という若い水夫の歌う声がもう一度、十四小節きこえたあと、再びイゾルデが歌い出す。例の有名な"Mir erkoren, mir verloren"（私に選ばれ、私から失われた……）である。この歌を耳にして、その美しさにきき惚れない人は、あまり、いないだろう。ヒルデガルト・ベーレンスというソプラノだが、私はまだ知らない人である。

ただ、彼女のことは、今年（一九八三年）の夏のバイロイトの音楽祭で、新演出の『指環』でブリュンヒルデとして登場したから、おきき及びの人も多かろう。今年のバイロイトの『指環』が、ピーター・ホールの新演出とゲオルク・ショルティの指揮ではなばなしい前評判をもって蓋あけしたが、その出来については、賛否両論あったことも、これまた、私がここでお伝えするまでもあるまい。私はそのころちょうどヨーロッパにいたが、バイロイトには行かなかった。けれども、ヨーロッパにいれば、どうしても新聞やＴＶで評判は伝わってくる。そのなかで、ただひとり文句なしに全員の好評を買い、今年最大の収穫、何十年に一人という天分といった最高の賛辞までもらったのが、このベーレンスだった。

その声が、ブリュンヒルデではなくイゾルデとして、このレコードからきこえてくるわけだが、なるほど、美声である。上のほうなども、ちっとも苦しそうでなく、むしろ、上にゆくほど快く、澄んで響いてくる。だが、その美声が、このレコード

［譜例 1］

では、一人ポツンと突出せず、全体のなかに、完全にきっちりはめこまれている。

バーンスタインの腕である。

同じようなことが、トリスタンにも、あてはまる。トリスタンを歌っているペーター・ホフマンも、立派な声である。私は、何の不足も覚えない。だが、その立派な声で、このトリスタンも、この第一幕で、イゾルデの使いとして来たブランゲーネから、「彼女が呼んでいるから来て下さい」といわれ、"Auf jeder *Stelle*, wo ich *steh'*, getreulich dien ich ihr, ……"（〔おそばまでゆかなくとも〕どこに立っていましょうと、誠心誠意、その場で、〔イゾルデ様の〕お役に立つよう心がけております……）と答えるとき（スコアの六二頁）、彼はまるで、木管楽器みたいに微妙で、しかも正確なニュアンスのこもったダイナミックをもって、歌を彩る［譜例1］。

ここでヴァーグナーがつけたダイナミックの記号と、音符の長さとの関係、そのおかれた拍節上の位置等々を考えあわせてみると、こんな一見ごく簡単なフレーズでも、歌い方さえ正確であれば、そこから、どんな言葉のニュアンス――ひいては、感情の動きが映し出されてくるかが、おのずと、理解されてくる。何でもないところだが、これもバーンスタインの注意深い楽譜の読み方が証拠立てられよう。

こういう例は拾ってゆけば、きりがない。

楽譜を綿密に、そうして表面だけでなく奥のほうまで深く読んでゆくと、どんなにおもしろい音楽が、いたるところに、隠されていたか。さっきも私は、バーンスタインが楽譜に忠実だと書いたが、きいていて、急に声に優しさが加わったり、怒りの炎が燃えるのを感じたりする個所があるが、そういうときは、必ず、スコアにもドルチェとか、コン・モルト・フォーコとかいう指示があるのである。

それは、もちろん、声（歌手）にだけ限るわけではない。イゾルデにあくまでも強いられ、ついにそのそばに近づく決心を固めたトリスタンが、彼女のいる船室に入ってくるとき（第一幕第五場）、オーケストラに、いわゆる「宿命の動機」と呼ばれているモティーフが、ホルンとかバス・クラリネットなどで鳴らされるが、特に、そのなかでトロンボーンにトランペットを重ねた個所があり、そこでは、凄まじいばかりの緊張をみなぎらせた響きがきかれる。もちろん、これは、どんなときも、そうでなければならず、また、どんな指揮者だって、そう指示するに相違ない。だが、その誰でもやり、いつもきこえるはずのものが、必ずしも、いつも、このレコードの場合のように、きくものの腹の底まで響いてくるような鳴らされ方は、しないのである。

ここのあたりは、けっして、音が薄くなるように書かれているわけではないのに、*p*＜モルト・クレッシェンド・*ff*＞*dim*・*p*・モルト・クレッシェンド・*f*・*dim*・*p*・*pp*といった具合に、ほとんど各小々節ごとに、ダイナミックが変化し、それにつれ、楽器もつぎつぎ変化するので、音楽は、いわば一歩ごとに、音強と音色の変転の大洋に浮かぶように前に進む。

こういう交響的な海原の横ゆれや縦ゆれに、身を任せていると、指揮者の表現能力の密度、その音楽性の高低は、どうしようもなく、はっきりこちらに伝わってこないわけにいかないのである。

このレコードをきいていると、よくぞバーンスタインは、ここまで来たものだと、改めて感心しないわけにいかなくなる。

『トリスタン』のレコードをきいて、すでに第一幕をきいているときから、こんなに腹の底からゆさぶられる思いがするのは、私としては、フルトヴェングラーのレコード以来のことである。

フルトヴェングラーも、どちらかというと遅いテンポで、じっくり音楽をすすめていった。しかも、彼の特徴の最大のものは、絶えざるテンポの変化が、いつもダイナミックと音色の変化と不可分だったので、その遅さも変化も、少しも浮き上がった不自然でわずらわしいものに感じられなかった点にある。バーンスタインをきいていると、フルトヴェングラーと同じではないが、しかし、彼もずいぶん、それに近い、音楽の歩みにおける全面的な変化に近いものを感じる。特に、テンポをぐっと落とすとき。

たとえば、第一幕の終わり近く、ブランゲーネが毒薬と思って、間違って恋の魔薬を差し出し、それを飲んだトリスタンとイゾルデが、覚悟して待つ死のかわりに、猛烈な恋情の高まりにとらえられるとき――ここは、前奏曲のときのあの「憧れの動機」以下の音楽が、改めて、鳴らされるわけだが、その遅さ、いや、非常な遅さ！には、思わず目をみはらされる。だが、そのまま、何もかも遅くなるのではない。

やがて、言葉をとり戻した女は、"Treuloser Holder"（不実な恋しい人よ）と、遅くおそく呼びかけ、思いもよらず恋に足をとられた英雄は、"Seligste Frau"（こよなき女よ）と、早口に答える。そうして、そこから、またしても、ものすごいクライマックスがやってくる。ここは、まさに音楽史上、破天荒の大天才の手になる最大の傑作の第一幕の幕切れにふさわしい頁であり、また、それにふさわしい演奏である。

私の筆は、『トリスタン』の第一幕で終わり、第二幕以下には及ばずに終わってしまった。しかし、あと何が待っているかは、以上のところから、読者にも充分に想像がつくだろう。

第二幕でも、幕のはじめの、低い音の囁きのなかに、言いようもなく明暗の交錯にとんだ、見事な流れとなって私たちの心をとらえる導入部が、ある地点にいたって、急にがらりと変わり、烈しい高まりとなって噴き上げてくるところなど、実に冴えた指揮というほかない。『トリスタン』の第二幕は、何も、あの不朽の恋の二重唱の頁だけで出来上がっているのではないのである。

今回は、特にこまかなことばかり書いた。それというのも、こういう大曲ともなれば、それを扱う批評も、どうしても大所高所からの全体論になってしまいがちだからである。しかし、バーンスタインの優秀さは、この細部のつみ上げが、「音楽」を楽譜に書かれたものとして扱っている点にあるのでなくて、そこから無限の変化、息遣いの高まりと静けさによって表わされた「生命的なもの」の全面的なほとばしりとして、再現するうえで、徹底的な精神の集中を計っている点にあるのだと思う。

バーンスタイン　ブラームス　交響曲第一〜四番、『ハイドンの主題による変奏曲』、他

ヴィーン・フィルハーモニー管弦楽団

バーンスタインがヴィーン・フィルハーモニー管弦楽団を指揮して入れたブラームスの交響曲全集のアルバム（グラモフォン＝Ⓓ90 MG 0635〜8）が届いた。そのなかに入れてある解説書に、指揮者の大きな写真が載っている。椅子に腰かけ、もっともらしい顔つきで、楽譜を開いて眺めている写真である。

それをみて、彼も年をとったものだ、と思った。額から顎の下にいたるまで、多くの皺ができたというだけでなく、眉の形も変わり、鼻の先もいっそうとがり、一段と薄くなった唇の下から顎にかけて、やたらと凸凹が浮いたり沈んだりして見える。頰にも、翳が生まれた。大きな長い耳は昔からのことだと思うが、何だか、前

よりもっと長く平べったくなって、頬のうしろに垂れ下がっているような気がする。

ここ何年か、彼の指揮姿を見ないでいるが、今でも、あの腰をふり、踊るような恰好で棒をふっているのだろうか。

私が、はじめて彼の指揮に接したのは、もう三十年も昔のこと。一九五四年の秋のヴェネツィアの音楽祭で、彼が自作のプラトンの『饗宴（きょうえん）』による交響詩のようなものをやったときである。あれはたしか世界初演のはずだった。あの音楽祭では、ベンジャミン・ブリテンのオペラ『ねじの回転』、ストラヴィンスキーの『レイクス・プログレス』の初演という具合で、同じ初演といっても、現代音楽の巨匠たちの手になるもので、できたてのほやほやの作品の世界初演ないしはヨーロッパ初演があったのだった。指揮者のなかには、たしかダリウス・ミヨーもいて、彼は椅子に坐ったまま指揮したのだったが、自作のほかにサティの『パイドロス』があったはずである。

そういう大家、巨匠と並んで登場したバーンスタインの指揮ぶりは、まことに若々しかった。アメリカにバーンスタインありという評判は、そのころから、すでにきいてはいたが、実際に目の当たり、その姿に接するのは、そのときがはじめて。

それは、私ばかりでなく、当時のヨーロッパの音楽好きでも、そういう人が多かったはずである。

良い指揮だった。活気のある、ダイナミックな身振りに加えて、当時の主流だった速めのイン・テンポでさっと音楽をやり、あとにスカッとした後味をのこす行き方とは、一味ちがい、速いときは速いのだが、抒情的な部分となると、若いのに思いがけなく、ゆったりとしたテンポで、粘っこいものがきこえてくる。速いときは、あの踊るように腰をふり、全身をしなやかにくねらせたり、とび上がるようにしてアクセントをつけたりして、音楽をやっていたのが、そういう個所になると、人が変わったみたいに、じっくりと腰をおちつけて、歌をうたいだすという恰好で、その対照がまことに強烈だった。私は、それをおもしろく思う一方で、「しかし、こんなにはっきりふたつにわかれた音楽をやるのでなくて、この両方をひとつにあわせ、一体化した音楽をやるようになったら、さぞかし、幅も深みも、そうして速度感もたっぷりあるものになるだろうに……」という気がした。

それから三十年。もちろん、その間には、私も、何回か彼をきいた。東京はいうまでもなく、ヴィーンにいたころ、フィルハーモニカーの定期でモーツァルトをきいたときと、オペラで『ばらの騎士』をきいたときのことは、とりわけ、よく覚えている。東京では、手勢のニューヨーク・フィルをつれてきて、何年だったか、上野の文化会館でマーラーの『第九交響曲』をとり上げ、それこそ「声涙ともに下る」といった異常に情熱的な演奏をきかせたときのことも、忘れられない。

そういう三十年。彼も、こんなに年をとってしまって……と思いながら、その写真をみているうち、三十年たったということは、私自身も、年寄りになってしまったということを意味するにほかならないと、思い知らされた。いろんなことがあった……。

その結果、どうなったか?

新しく録音されたバーンスタインのブラームスをきいていると、ヴェネツィアではじめて彼をきいたときの、あの「遅い」ところと「速い」ところのふたつが、ひとつになって、分厚い音楽をつくりあげるようになったのを知らされる。

といっても、ブラームスの交響曲をきいた限りでいえば、それは速いところより、むしろ遅いところに、ずっと、重点のおかれた音楽としての一体化である。バーンスタインは、ここでは、ゆったりと幅広いテンポでもって、思いのたけを、歌い上げ、歌いきっている。ブラームスの交響曲、さらにはブラームスの音楽の最大の特質、いや、その本質は、このゆったりと展開される旋律性にあるのだといわんばかりに。私は、はじめて彼をきいたときはもちろん、『ばらの騎士』をきいていたころくらいまでは、まだ、このアメリカ育ちの音楽家が、こんなにロマンティックな情熱をさらけだすようになろうとは、予想していなかった。今、こういうブラームスをきいていると、「そういえば、彼のマーラーなど、まことにロマンティックなマーラー像が土台にあっての話だったな」と、ふりかえって合点がゆくようになる。

とはいえ、ここにきこえるブラームスの旋律は、けっして、単純なものでも、単調なものでも、一様なものでもない。その反対に、実にさまざまな歌になっている。この多様性こそ、そのままで、バーンスタインの三十年間の指揮生活の内部の成熟、豊饒化を示すバロメーターではないかといってみたくなるくらいである。バーンスタインにとって、ブラームスの交響曲全集をつくるということは、彼が、ひとりのブラームスのなかに、どんなに多様な歌を発見し、ブラームスのなかからどんなにさまざまな歌をひき出したか、その決算報告のようなものだといってもいいのではなかろうか。逆にいえば、四曲の交響曲にもられたブラームスの歌の全音階を鳴らしえたかどうかに、交響曲全集の演奏を評価する、ひとつの鍵がある。

「歌」が主眼である以上、おのずから、バーンスタインのブラームスは、平均して、遅めのテンポの演奏になりがちである。そのうえで、『第一交響曲』でいえば、まず導入のウン・ポコ・ソステヌートから以下、楽想の転換がくるごとに、音楽の歩みは慎重さを加え、新しい主題が出現するときは、その主題の情緒的内容は別として、まず、頌歌か何かのような精神的ディグニティをもって鳴らされる。ここでは、交響曲は、ひとつの祭儀的な出来事になる。これは、まさに、ブラームスがこの交響曲を作曲するに当たっては、ベートーヴェンが『第一』からはじまって、『第三』『第五』『第七』といった道を通って、ついに『第九交響曲』において最高の仕方で実現するようになった「交響曲は全人類的な精神の祭典である」という理想に目標を定めて、仕事を進めていったのだといわんばかりの演奏として、聞こえてくる。この曲をどう解釈するかの土台に、この考えがある。ブラームス自身は、ベートーヴェンが『第九』で到達した高さまでは、まだ、来ていなかったかもしれず、そのことは、この交響曲のなかに、ときに感じられる、外見の堂々たるわりには、中味の密度の稀薄さの原因だったのだろう。バーンスタインの指揮をもってしても、これをまったく補うことはできない。だが、ブラームスとバーンスタインと、この二人が最善をつくしているのは確かで、その誠実さは、これをきいている私たちにも、よく伝わってくる。それだけに成功した部分は、本当にすばらしい。第二楽章の出だしの主題、これが、単なる旋律としてだけでなく、ロマン主義和声の典型的な濃厚さ、重厚さをもった進行となっているのをきいてみるがいい。柔らかいが、しかし、心の底からゆすぶられる荘重な音の重なりと動きが、ここに、ある。この和声プラス旋律の主題は、また、見事な息遣いで交代するリズムの強弱に裏づけられているのだが、このことは、再現部で、主題が戻ってくるとき、虹のように輝きながら大きな弧線を描いて、高い音域をわたってゆく第一ヴァイオリン群の下で、木管楽器のすごくよく溶けあったハーモニーの響きとなって、私たちを、もう一度、大きくよろこばせてくれる。

『第二交響曲』では、私は、第一楽章のコーダの扱いに、特に、注目したい。これは、全般的にいって、このアルバムにおける演奏の特徴だが、言うべきことはすべて言いつくしたといった形で、ソナタ形式なり何なりの主要部が一応終わったあとにくるコーダの扱いには、特別の配慮が払われているのである。その典型的なケースが、この楽章のそれである。まるで長い夏の一日が暮れ——ヨーロッパの夏の夕方、いわゆるDämmerungの時間がどんなに長くて、微妙な薄明の時刻であるかは、経験した人はみんな知っているはずである。あすこでは、盛夏には夜の十時になってもまだ明るいことが普通である、——そういう長い夏の薄明のときに、明は暗とゆっくりゆっくりゆっくり交代しながら、微妙に翳をましてゆく。これは、華麗な劇としてはじまり、ほかのどんな時ともちがう、不思議な深さをもつ薄墨色の風景の世界に入ってゆく。そういう色と心の移りゆきにおける交わりが、この楽章のコーダの扱いにはある。

ブラームスの歌は、『第三交響曲』では、哀歌となる。これは、誰も知っている。だが、バーンスタインの演奏では、この哀歌は、何か二度と戻ってこない大切なものがうつろい、すぎさっていったことに対する、抑えても抑えきれない痛烈な嘆きとなって、噴き上がってくるような趣がある。これは、何も第三楽章のアンダンテだけに限らない。第一楽章の出だしからして、すでに、そうなのだ。

このアルバムには、『第三交響曲』の入ったレコードの裏に、『ハイドンの主題による変奏曲』が入っている。私は、これをきく前、例の第七変奏のグラツィオーソの音階を、バーンスタインがどうやるか、楽しみにしていた。かつてのフルトヴェングラーたちと同じように、そうして現代のカラヤンたちとはちがって、ここで上昇しながらクレッシェンドする音階には、せいいっぱいのヴィブラートのかかった歌になっているのだろうかと予想しながら、針を下ろした。ところが、そうでもないのである。これは、ちょっと肩すかしをくったような心持ちだった。そのかわり、この変奏曲のフィナーレ、パッサカリアに入ってからは、一段とゆったりした、しかし、緊張の強さにおいて、少しも先行するものに劣らない、音楽がきこえてくるのである。ここは、一度きくと忘れがたい感銘を残す。まるで、バーンスタインは、すべては、このフィナーレにかかると考え、そこに向けてのクライマックスの盛り上げ方を計算してこれまでの変奏を扱っていたかのように思われる。前にも書いたが、この「ブラームス」では、最後にくるコーダとかフィナーレに、格段の表現がこめられているのである。

『第四交響曲』でも、このことは変わらない。したがって、この交響曲の最大の眼目は、哀歌的な第一楽章にあるわけでもなければ、まして第二楽章にあるのでもない。音の流れは、フィナーレを目指して、流れてゆくのだ。そのフィナーレが、ここでもパッサカリアの形をとっているのはご承知のとおりである。このアルバムにつけられた解説書にはバーンスタインの原稿が載っているが、このなかで、彼は、「ホ短調の最終楽章を例にとってみよう。冒頭八小節に、何という激怒がこめられていることか。何というすさまじいまでの憤怒であろう。しかし、この最終楽章はブラームスの遺言状のようなもので、彼の全作品を通じて、おそらく最も厳密に秩序づけられ、形式的に整えられたものだろう。激怒と秩序の共存とは何たるパラドックスだろう！　しかし、これこそ、ブラームスの本性に潜む二元性をわれわれに明示するものだ」といっている。

だが、このフィナーレをきいて、私をまっさきに圧倒したのは、厳密な秩序より、やっぱり、ここにもられた感情の真正さ、深さであった。これは本当に深く感じられ、まったく嘘偽りのない正直さで、演奏されたものだという、その手応えであった。そういうなかで、何番目だったかの変奏で、金管ばかりでやる「タンホイザーの巡礼の歌」が出てくる。あれが、ここでは、極端に遅く、本当に心のなかの重い苦悩に今にもおしひしがれんばかりのテンポ、重い足どりでもって、歩いてゆく。

この重さ、遅さは、通り一遍のものとは思えない。これを激怒と秩序の二元性と呼んだバーンスタインは、何を、ここに、見ていたのだろうか。

バーンスタイン指揮　イスラエル・フィルハーモニー公演

何年か前までニューヨーク・フィルハーモニーの常任指揮者だったバーンスタインが、この手勢をひきいて日本公演に来た時も、マーラーの第九交響曲をとりあげた。それは非常な名演だった。特に終楽章に向かうにつれ、彼独特の全身的共感をむき出しにしたような指揮ぶりは声涙共に下るといった趣きに高まり、聴衆を圧倒的感激で包みこんだものだ。

その人がこんどはイスラエル・フィルハーモニーと同じマーラーの第九をやる。どうして、きかずにいられようか。私はそれをフェスティヴァル・ホールできくため大阪に来た（九月三日）。

それは、期待をはるかに上回る演奏となった。名演というより偉大な演奏であり、私たちきき手はそこでかけがえのない啓示を受けた。

そうなった原因の一つは原曲と指揮者と楽員のそれぞれがすぐれているだけでなく、三者がすべてイスラエルの血を通じて、高い同質性を共有していることにあるだろう。もちろん三者は三様の歴史を背負い別々の環境に育った芸術家たちではあるけれど、それを越えてなお濃厚な血のつながりがある。私はききなれたはずのこの曲、特に第三楽章で、あの『コル・ニドライ』の作曲家ブルッフのふしまわしの根本にあった音律にぶつかって、はっとしたくらいである。

それからこの交響楽団の厚ぼったく粘っこく脂っこい響きが醸し出す、ほとんど麻薬的作用が、もともとマーラーに含まれた強烈な官能的働きかけを余すところなく表す力になる。

だが、これを歴史的大演奏と呼びたいものにした最大の原因はバーンスタインのアプローチが、この曲に潜在する不思議な精神性を、ほとんど「霊性」とでも呼ぶほかないものにまで高めるのに成功した点にある。

彼の指揮できいていると、この曲の「魂」が私たちに語ろうとしたのが、第一楽章では限りない悲哀と優しい慰めとの対話であること。第二楽章の各種の踊りは人生の変遷、変転、変貌の種々相であり、そこには死のにがい舞踊まで登場すること。第三楽章は行進、と同時に「人生とはどこに向かっての行進か」という疑問でもあること。

そうして終楽章は祈願であることなどがつぎつぎ明らかにされて来るような気がしてくる。彼はまたこのことを各楽章のコーダの綿密細心な演奏ぶりの中で、特別感銘深く示していた。

だが、音楽が祈りであること。祈りの祭儀であること。それがこの曲の最高で最終的なメッセージであること。音楽は元始においてそうだったし、危機に臨んで再び、そうなりうること。これをこの演奏は告げていた。

ある時は手放しに泣きわめき、ある時はすすり泣き、ある瞬間には声さえ失い、天の一角に向かって双手を上げて訴えながら、指揮者バーンスタインは今日でも、祭儀の祭司という元始の役目に戻ってゆく道があることを明示する。

聴衆の感動の深く大きかったことは演奏が終わったあとの深く遠い潮騒のようにいつまでも終わらない拍手が示していた。

（一九八五年九月七日）

バーンスタインの死

バーンスタインが死んだ。その報道、それからこのアメリカ唯一の大指揮者を哀悼するコメントなどは、この国のマスコミにもすでにたくさん登場した。が、私の目にふれた限りでは、ほかのことはともかく、彼の「音楽」についてふれた分量は実にわずかだった。

でも、あの人は骨の髄からの音楽家だった。だとすれば、彼を弔おうと思ったら、その音楽について語るのが順序ではないか。

では、彼の音楽について語ろうではないか。

そのためには、まず、あの人がジョン・F・ケネディと一年違いの生れだったことから出発する必要があるだろう。ということは、あの「この国が諸君に何をしてほしいかをいう前に、諸君がこの国に何をするかを考えたまえ」といった大統領と同時代人だったということである。バーンスタインは、当時のアメリカの社会に対し自分の考えを大胆に正直に発表する芸術家と知識人の集団の一人であり、考えを積極的に行動に移す音楽家の一人だったことを意味する。彼はベトナム反戦、反核、人種差別反対といった運動に参加し、ほとんどいつもその先頭に立つ一人だった。この社会的関心の強さ、深さは、彼が死ぬ直前まで続き、音楽に対する社会の知識を広める啓蒙活動、あるいは後進の音楽家を育てる上でのなみなみならぬ献身ぶりまで一直線につながる。

彼の指揮ぶりもそう。それはカリスマ的権威の高みから楽員に対する大家の態度ではなくて、音楽をする集団の中にとびこみ、その先頭に立って、いっしょに前進する人間としての指揮を土台にするものだった。

私は一九五四年ヴェネツィアの現代音楽祭でヨーロッパ楽壇に彗星のようにデビューした彼をみている。その時は自作の『キャンディード』序曲その他を指揮していたが、例の手ふり足ふり、腰を左右にゆすぶって踊ったり、時にはとび上がってみせるという、めまぐるしい動作で聴衆の驚きを誘っただけでなく、その身のこなしから発散され、放散される眩しいほどのエロティシズムと楽天的活力で、当時まだ戦争による疲弊から立ち直りきってなかったヨーロッパの音楽家たちと際立ったコントラストをなしていた。たとえば、第一次大戦直後のパリの前衛、D・ミヨーは小児麻痺で不自由な身を車に託して、サティの『ソクラテス』の棒をふっていたが、ミヨーのは、このソフィスティケートされた素朴派の典型みたいな作品を、暖かい共感を秘めながらも、つきつめたところ、知的で冷静なアプローチをすてず、作品をもう一度ていねいに眺めるための演奏といった態度だったので、バーンスタインとの対照はあまりにも強烈だった。老い疲れたヨーロッパのかつての前衛と、きらびやかなアメリカの青春。

それから十年もたたない一九六一年。その間にニューヨーク・フィルハーモニーの常任指揮者として押しもおされもせぬ地位を確保したバーンスタインが、上野の東京文化会館の柿おとしとして催された世界音楽祭に手勢をひきつれて登場してきた。それはまず隅々まで明快で、しかもはじけるような才気にみちた演奏会だった。ラヴェルの『ト長調ピアノ協奏曲』のソロも受け持っていたが、その鮮やかなピアニズムも小気味よいほど光っていた。その何日目かにマーラーの『第九交響曲』がひかれた。それは私のはじめて大交響楽団のナマできいた第九だったが、きき終ってしばらく言葉もないほど打ちのめされた。そこには、まるで知らなかったバーンスタインがいた。ある深刻な痛苦を啓示する音楽家。

私は、このバーンスタインこそ、真のバーンスタインであり、彼を真に偉大な芸術家とした根はここにあったのだと信じる。

だが、彼が完全に「バーンスタイン」になるまでには、まだ幾つかの段階、遍歴が必要だったのだろう。私はそのすべてを審(つまび)らかにしないが。

七〇年代のはじめだったか、その前からさかんにヴィーンで演奏しだしていた彼が国立歌劇場で『ばらの騎士』をやった。私は並々ならぬ関心をもってききにいったのだが、出来は悪くはないものの、今にして思えばまあというところだったろう。ただ、その初日の前、彼が「私はこの劇を教わりにヴィーンに来たのだ」といって、オーケストラはもちろんヴィーンっ子をよろこばせていたのもおぼえている。疑いもなく、彼はヴィーンを自己再教育の場としようとしたのだろう。私はヴィーンで彼のモーツァルトもきいた。ヴィーン・フィルハーモニーを相手にピアノ独奏を受けもった時、オーケストラに受け渡す合図に大きく投げキッスをする姿に閉口したこともあった。正直いうと、私は、シュトラウス、モーツァルトで、彼が何をヴィーンから学んだのか、今もって、本当にはよくわからないのである。

その私が「彼の音楽」に転換が起こったのに気づいたのは八〇年代はじめ。ミュンヒェンでの『トリスタンとイゾルデ』のＣＤをきいた時である。あれは準オペラ風演奏会形式の上演だったらしいが（私は不完全なヴィデオでみた）、ＣＤで序曲のはじまりをきいた途端、そこにただならない「時の歩みの非常なおそさと深まり」が感知された。あの最初のトリスタンの憧れのモチーフが、正に限りない飢えとなって、きくものの耳に、心に、とり憑いて離れない。

それが転機だったのかどうかは知らない。私はただ、自分がこのことに気がついたのは、その時だと言っているのである。あるいは、それまでヴァーグナーを避けるみたいにしていた彼が『トリスタン』をやったのは、ある転機があったからではなかったかと言いたいのである。

そのあと、ＬＤや衛星放送などのバーンスタインの指揮する演奏会の模様がつぎつぎとききながらみられる機会が増えるにつれ、彼の指揮姿がかつてのとんだりはねたりとは大分変ってきたこと、それから、始める前にいつも指揮棒を両手にもって祈る癖のあることなどが——それまでは私は演奏会で後ろ姿しかみてなかったのだ——わかって来た。

そうして、八〇年代の彼の指揮したマーラー、シューマン、ベートーヴェンなどをきくにつれ、『トリスタン』できいた飢え、憧れが実にいろいろな形で、彼のやる音楽に底流して核心になったり、いち時に表面まで浮んできたり、ときには音楽の全体を蔽わんばかりの優勢になったりするのが、私の心に響いてくるのだった。

八〇年代に再開された彼のマーラーの交響曲の連続CD化は、かつての全集版とずいぶん変っている。第二番『復活』の第一楽章の凄みはかつてなかったものだ。（CDで三分前後で出てくる）あの第二主題は正にその顕著な例で、あれは天上に向けて投げられた憧れのまなざしが、どこまでもどこまでも上っていって、しかも、どうしても望むものに到達しないさまを思わせずにおかない。空が高く澄んでいればいるほど、憧れは対象に手がとどくのが不可能になるのだ。同じ交響曲の第二楽章のおそさはどうだろう。かつてはやさしい慰めの歌だったのに、今では歩くのはおろか自分の足で立っているだけで精一杯だ。

『第九交響曲』。ときどき、激情らしきものが戻ってきても、悲劇的とか悲愴とかいった気配はもう影だに出て来ない。むしろ、これは深手を負って死を予感している巨獣が傷口をなめているような、演奏である。第一楽章のあのフルート、クラリネット、ハープそれに弦などがカデンツァ風の楽想をきかせるところでは（いくら楽譜に「突然ぐんとおそくして」とあるにせよ）音たちはたしかにつぎつぎと高みから落下してくるには違いないが、およそ重力感が失われ、はやさの感覚が狂っているようで、リルケがかつて秋の枯れ葉を「いや、いやをしながら落下してくる」と呼んだのを思い出させずにおかない。この種の演奏はライヴでしかやれまい。

バーンスタインは現代まれにみる宗教心のあつい人だったと思うが、最晩年の彼をきくと、ここには「祈り」の介入する余地さえなくなっているのかという気がすることもときどきあった。

バーンスタインのマーラーは余人をもってはかえられないもので、私は、それがもう二度と接しられなくなってしまったことを、嘆く。

マーラーと並んでシューマンも忘れられない。『第二交響曲』の第三楽章アダージョ・エスプレッシーヴォでの、無限にはるかなものへの渇望と、かゆいところをかかずにはいられない時の、あの痛みと快感の入り混じった恍惚感など、あの人でなければ味わえないものだった。

（一九九〇年十月二十三日）

●解説――

批評、文章、比喩

渡辺和彦

吉田秀和は、「歴史的な名演」としてクラシック・ファンの間で有名な「フルトヴェングラー〝一九五一年バイロイトの第九〟」から、一九八〇年代の二度にわたるホロヴィッツの来日公演、そしてオペラの〝読み替え新演出〟が舞台を席巻する二十一世紀まで、重要公演の実演に数多く接し、批評し続けた。日本人の誰ひとりとして（たぶん）その生演奏を聴かなかったスタジオ録音専用ピアニストのグレン・グールドについても、録音を通してその素晴らしさをいち早く発見した。彼がどう判断したか、何を言ったかが該当する音楽家についての定説のようになった。その功罪はともかく、結果としてそのような存在だった。

ここに集められた文章で特徴的なのは、若い人を除く多くの読者たちが実際に、カルロス・クライバー、チェリビダッケ、バーンスタインの実演を聴いている可能性があることだろう。吉田秀和が論じたフルトヴェングラー、クナッパーツブッシュ、ホロヴィッツのような人のステージ演奏は、「ああ、そうだったのか」としか言いようのない私も（ホロヴィッツについては、二度の来日で伸べ二千人×２前後の人が実演に接しているはずだが）、この本に収められた三人についてならば、自分の体験や感想との合致点や相違について、具体的に追認が可能だ。場合によっては、「えッ、私はそうは思わなかったけど」と異論を差し挟むこともできる。世の中には、「音楽家を知り、語るのに実演体験は不要。全貌はレコードやＣＤで把握できる」と信じる特異な人たちが存在するにしてもだ。

クライバーについて書かれたいくつかの文章は、やや難解に思える。文章の歯切れが必ずしも良くない。「ばらの騎士」についてのものでは、再生装置や歌手などを引き合いに出して、指揮者クライバーの周辺をぐるぐる回っているだけの風情だ。そのかわり、それが幸いしたのか、カルロス・クライバーとバーンスタインの「決定的な違い」についての洞察はすばらしい（四二～四三ページ）。中欧の文化事情についての蘊蓄もタメになる。

敢えて指摘しておきたい点が一つある。ゼフィレッリによる「オテロ」演出に難癖をつけた部分の面妖さについて。推測ながら、吉田は映画的な手法や「演劇的虚構」「アンチ・リアリズム」についての理解と体験が乏しかったのではないか。映画や演劇について書いたあまり多くない文章も、基本的には「古典」の周辺のみ。そのため（映画人でもある）ゼフィレッリの「オテロ」の演出について、的外れな感想を表明、ダメ押し的に「大演出家のすべきことではなかったろう」とまで書いてしまった（六九～七〇ページ）。該当公演に実際に接し、批評も実際にリアルタイムで読んでいる私としては「大批評家・吉田秀和の書くことではないだろう。編集部で〝殿ご乱心〟として制御できなかったのか」と思ったものだ。この認識が災いし、彼は自らの最晩年期に現れたオペラ〝読み替え新演出〟の舞台を、口を極めて攻撃していた。今となっては、微苦笑を以て読み過ごすのが大人の態度だとしても、残念な事実だった。大批評家にも弱点はあった。

そのかわり、この一文に続く「たしかに嫉妬こそ、～」の四行は本当に見事だ。

ここには珍しく〝人間吉田秀和〟の、実体験に基づく（たぶん）嫉妬についてのあれこれが、見え隠れする。

「チェリビダッケ」については、本当は扱いかねていたのではないか。冒頭に収められた「チェリビダッケ　矛盾が矛盾なく共存する」での、のっけからの意図的な（に決まっている）悪文が、それを証明している。「クライバー」の項の中にも、苦手意識がソッと忍ばせてあったりする（四三ページ）。

比喩が巧みなことは、これまで何度も指摘されていて、ここでも全くその通りだ。チェリビダッケ指揮のフランス音楽で、あるレストランの例を持ち出す所など笑ってしまった。そうそう、そんな演奏だった！（一〇二ページ）。「充実した静けさ」（四三ページ）、「水族館にでも行ってきたような気がする」なども巧い（一〇七ページ）。バーンスタインについては「激怒と秩序の共存」（一九一ページ）。ナルホドと思ってしまう。

「バーンスタイン」では、奇妙に難解な一文が挿入されている箇所がある。「バーンスタイン再説」中の「これは、通俗的な解説者たちの濫用する、客観的な演奏と主観的な演奏との違いといった、演奏様式の次元での問題ではなくて」以下の部分（一四九〜一五〇ページ）。たぶんここには、極めて重要なことが書かれている。しかしながら、この一文は私には難しい。

逆に言うと、それ以外の「吉田秀和」は、巷間言われるほど韜晦的ではない。批評家としてほぼ同格だった柴田南雄（作曲家としても著名）ほど明晰な文章ではなかったにしても、柴田ほど専門用語の使用はなく、その文章は通りが良く、平易で洗練されていた。これもよく指摘されていた「〇△かしら」「しているくせに」の使用もご愛嬌の部類。「私」の濫用については、「僕の」を多用することで人気だった人（故人）や、今でも普通に出くわす役人の作文然とした「批評」と比べて、はるかに「人間的で立派だったのではないかしら」。

吉田秀和は偉大な批評家、音楽評論家であったと同時に、稀代の文章家だった。「批評家」についてはあれこれ異論がある人も、「文章家」の側面にケチを付ける人は、よほどの変人か慢心した同業者だろう。同じ時代を生きた文学者との比較でも、あと何人がその位置にいただろう。

日本ではこののち、吉田秀和の文脈で、クライバー、チェリビダッケ、バーンスタインが聴かれるかもしれない。グレン・グールドの場合がそうであるように。

（音楽評論家）

◉出典一覧――

カルロス・クライバー

「エーリヒ・クライバー指揮　R・シュトラウス『ばらの騎士』」（『このCD、このLD＊25選』新潮社、一九九二年六月／『この一枚Part2』新潮文庫、一九九五年八月）
「カルロス・クライバーの振ったオペラ」（『音楽の友別冊』〈イタリア・オペラ〉一九八一年八月／『レコード音楽のたのしみ』音楽之友社、一九八二年六月）
「クライバー　モーツァルト『交響曲第三六番リンツ』、ブラームス『交響曲第二番』」（『レコード芸術』一九九三年三月号より、ガーディナーとリヨン・バレエの部分を割愛／『世界の指揮者』ちくま文庫、二〇〇八年三月）
「クライバー　ベートーヴェン『交響曲第四番』」（『このレコードがいい＊25選』新潮社、一九八五年九月／『この一枚』新潮文庫、一九九二年十一月）
「クライバー　ヨハン・シュトラウス『こうもり』」（『音楽の時間＊CD25選』新潮社、一九八九年十二月／『この一枚Part2』同前）
「クライバー指揮　ミラノ・スカラ座来日公演の『オテロ』」（『朝日新聞』一九八一年九月五日／『レコード音楽のたのしみ』同前）
「クライバー指揮　バイエルン国立管弦楽団演奏会」（『朝日新聞』一九八六年五月十四日／『吉田秀和全集・20』白水社、二〇〇二年九月）
「C・クライバー、フリッチャイ、ショルティ、ノイマン、他『名指揮者たちのリハーサル』」（『音楽の二十世紀＊CD・LD30選』新潮社、一九九八年二月／『吉田秀和全集・22』白水社、二〇〇三年三月）

セルジュ・チェリビダッケ

「チェリビダッケ――矛盾が矛盾なく共存する」（『ステレオ』一九七四年九月／『レコードと演奏』音楽之友社、一九七六年八月）
「チェリビダッケ　フランス管弦楽作品集」（『レコード芸術』一九九九年十一月号／『今月の一枚＊CD・LD36選』新潮社、二〇〇一年一月／『世界の指揮者』同前）
「チェリビダッケ、それからゲルバー」（『音楽芸術』一九八〇年六月号／『時の流れの中で』読売新聞社、一九九四年七月／中公文庫、二〇〇〇年三月）
「主観と演奏――バーンスタイン、チェリビダッケ」（『朝日新聞』一九九〇年十一月二十日／『新・音楽展望』一九九一年八月）

レナード・バーンスタイン

「バーンスタイン」（『世界の指揮者』ラジオ技術社、一九七三年四月／ちくま文庫、二〇〇八年三月）
「バーンスタイン再説」（「日本コロムビアレコードPX-3-C」／『吉田秀和全集・5』白水社、一九七五年七月）
「バーンスタイン　モーツァルト『交響曲第三九番』『第四〇番』」（『このレコードがいい＊25選』同前／『この一枚』同前）
「バーンスタイン　ヴァーグナー『トリスタンとイゾルデ』」（同前）
「バーンスタイン　ブラームス　交響曲第一～四番、『ハイドンの主題による変奏曲』、他」（『レコード芸術』一九八三年十二月号／同前）
「バーンスタイン指揮　イスラエル・フィルハーモニー公演」（『朝日新聞』一九八五年九月七日／『吉田秀和全集・20』同前）
「バーンスタインの死」（『朝日新聞』一九九〇年十月二十三日／『新・音楽展望』同前／『世界の指揮者』ちくま文庫）

＊本文中に記載のレコード、CD等の番号、及び廃盤といった情報は当時のものなので、現況はネットやCD店他でご確認下さい。また、人名表記はその時どきのままとしました。

クライバー、チェリビダッケ、バーンスタイン

二〇二〇年二月一〇日　初版印刷
二〇二〇年二月二〇日　初版発行

著　者　吉田秀和（よしだひでかず）
発行者　小野寺優
発行所　株式会社河出書房新社
〒一五一−〇〇五一
東京都渋谷区千駄ヶ谷二−三二−二
電話〇三−三四〇四−八六一一（編集）
〇三−三四〇四−一二〇一（営業）
http://www.kawade.co.jp/

ロゴ・表紙デザイン　粟津潔
本文フォーマット　佐々木暁
本文組版　株式会社ステラ
印刷・製本　中央精版印刷株式会社

Printed in Japan ISBN978-4-309-41735-6

マーラー

吉田秀和　41068-5

マーラー生誕百五十年から没後百年へ。マーラーを戦前から体験してきた著者が、その魅力をあまさずまとめた全一冊。ヴァルターからシノーポリまで、演奏解釈、ライヴ評ＣＤ評も充実。

フルトヴェングラー

吉田秀和　41119-4

フルトヴェングラー生誕百二十五年。吉田秀和が最も傾倒した指揮者に関する文章を初めて一冊に収攬。死の前年のパリの実演の印象から、シュナイダーハンとのヴァイオリン協奏曲まで。

バッハ

吉田秀和　41669-4

バッハについて書かれたさまざまな文章を一冊に集める。マタイ受難曲、ロ短調ミサ曲、管弦楽組曲、平均律クラヴィーア、ゴルトベルク、無伴奏チェロ……。リヒターからグールドまで。

グレン・グールド

吉田秀和　41683-0

評価の低かったグールドの意義と魅力を定め広めた貢献者の、グールド論集。『ゴルトベルク』に始まるバッハの他、モーツァルト、ベートーヴェンなど、多角的に論じる文庫オリジナル。

音楽を語る

W・フルトヴェングラー　門馬直美〔訳〕　46364-3

ドイツ古典派・ロマン派の交響曲、ワーグナーの楽劇に真骨頂を発揮した巨匠が追求した、音楽の神髄を克明に綴る。今なお指揮者の最高峰であり続ける演奏の理念。

西洋音楽史

パウル・ベッカー　河上徹太郎〔訳〕　46365-0

ギリシャ時代から二十世紀まで、雄大なる歴史を描き出した音楽史の名著。「形式」と「変容」を二大キーワードとして展開する議論は、今なお画期的かつ新鮮。クラシックファン必携の一冊。

聴いておきたい　クラシック音楽50の名曲

中川右介　41233-7

クラシック音楽を気軽に楽しむなら、誰のどの曲を聴けばいいのか。作曲家の数奇な人生や、楽曲をめぐる興味津々のエピソードを交えながら、初心者でもすんなりと魅力に触れることができる五十曲を紹介。

中世音楽の精神史

金澤正剛　41352-5

祈りの表現から誕生・発展したポリフォニー音楽、聖歌伝播のために進められた理論構築と音楽教育、楽譜の創造……キリスト教と密接に結び付きながら発展してきた中世音楽の謎に迫る。

レクィエムの歴史

井上太郎　41211-5

死者のためのミサ曲として生まれ、時代の死生観を鏡のように映しながら、魂の救済を祈り続けてきた音楽、レクィエム。中世ヨーロッパから現代日本まで、千年を超えるその歴史を初めて網羅した画期的名著。

増補完全版　ビートルズ　上

ハンター・デイヴィス　小笠原豊樹／中田耕治〔訳〕　46335-3

ビートルズの全面的な協力のもと、彼らと関係者に直接取材して書かれた唯一の評伝。どんな子どもで、どうやってバンド活動を始め、いかに成功したか。長い序文と詳細な附録をつけた完全版！

増補完全版　ビートルズ　下

ハンター・デイヴィス　小笠原豊樹／中田耕治〔訳〕　46336-0

世界中を魅了し、今なお愛され続けるビートルズ。歴史を変えたバンドの一生を詳細に追う。友人として四人と長くつきあってきた著者だからこそ知りえたビートルズの素顔を伝えた大傑作！

ビートルズ原論

和久井光司　41169-9

ビートルズ、デビュー50周年！　イギリスの片隅の若者たちが全世界で愛されるグループになり得た理由とは。音楽と文化を一変させた彼らの全てを紐解く探究書。カバーは浦沢直樹の描き下ろし！

ユングのサウンドトラック

菊地成孔　41403-4

気鋭のジャズ・ミュージシャンによる映画と映画音楽批評集。すべての松本人志映画作品の批評を試みるほか、町山智浩氏との論争の発端となった「セッション」評までを収録したディレクターズカット決定版！

憂鬱と官能を教えた学校 上 【バークリー・メソッド】によって俯瞰される20世紀商業音楽史　調律、調性および旋律・和声

菊地成孔／大谷能生　41016-6

二十世紀中盤、ポピュラー音楽家たちに普及した音楽理論「バークリー・メソッド」とは何か。音楽家兼批評家＝菊地成孔＋大谷能生が刺激的な講義を展開。上巻はメロディとコード進行に迫る。

憂鬱と官能を教えた学校 下 【バークリー・メソッド】によって俯瞰される20世紀商業音楽史　旋律・和声および律動

菊地成孔／大谷能生　41017-3

音楽家兼批評家＝菊地成孔＋大谷能生が、世界で最もメジャーな音楽理論を鋭く論じたベストセラー。下巻はリズム構造にメスが入る！　文庫版補講対談も収録。音楽理論の新たなる古典が誕生！

服は何故音楽を必要とするのか？

菊地成孔　41192-7

パリ、ミラノ、トウキョウのファッション・ショーを、各メゾンのショーで流れる音楽＝「ウォーキング・ミュージック」の観点から構造分析する、まったく新しいファッション批評。文庫化に際し増補。

M／D 上　マイルス・デューイ・デイヴィスⅢ世研究

菊地成孔／大谷能生　41096-8

『憂鬱と官能』のコンビがジャズの帝王＝マイルス・デイヴィスに挑む！東京大学における伝説の講義、ついに文庫化。上巻は誕生からエレクトリック期前夜まで。文庫オリジナル座談会には中山康樹氏も参戦！

M／D 下　マイルス・デューイ・デイヴィスⅢ世研究

菊地成孔／大谷能生　41106-4

最盛期マイルス・デイヴィスの活動から沈黙の六年、そして晩年まで——『憂鬱と官能』コンビによる東京大学講義はいよいよ熱気を帯びる。没後二十年を迎えるジャズ界最大の人物に迫る名著。